도서출판 풀잎
디지털 디톡스
시리즈 No.2

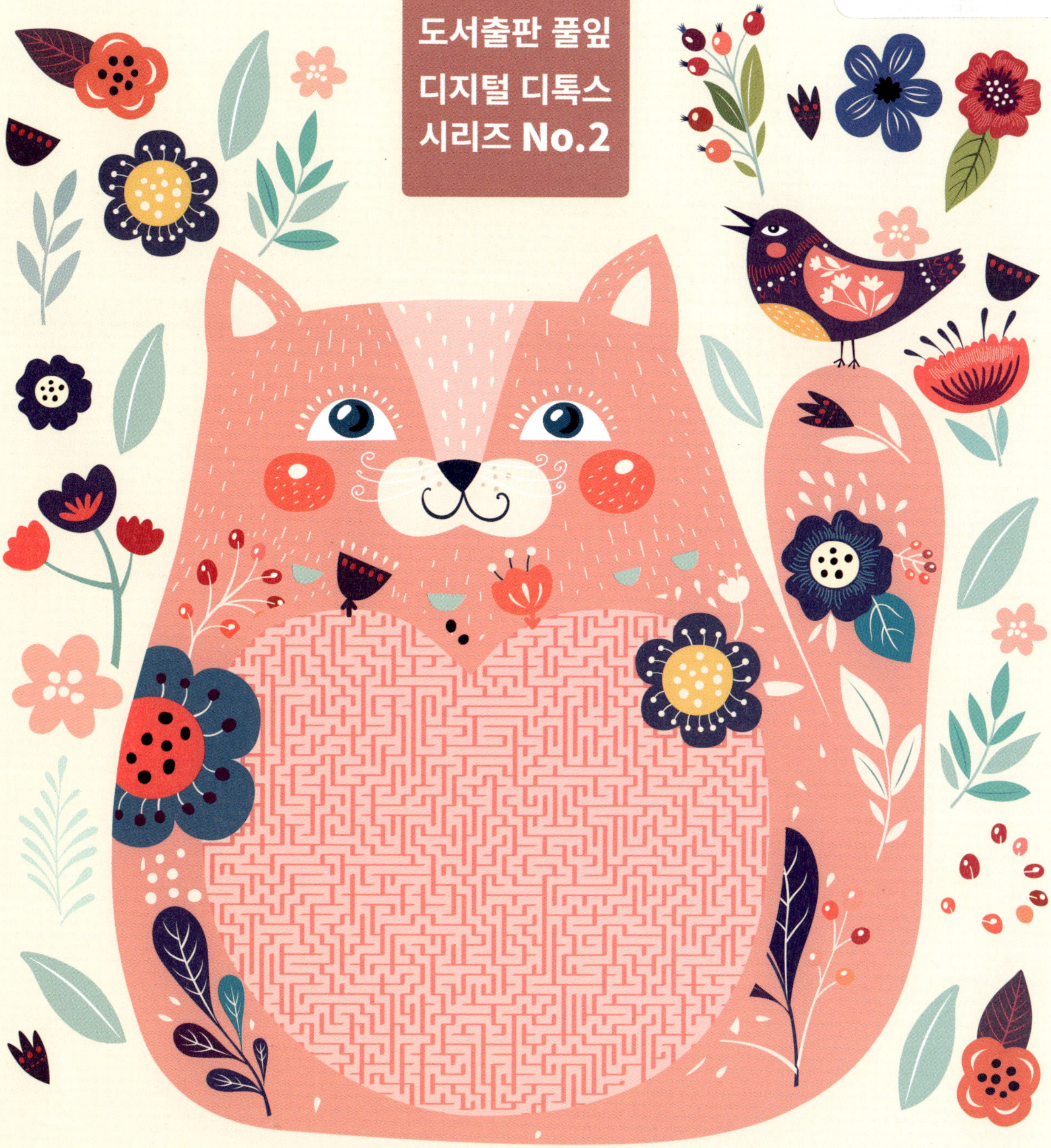

쉴수록 좋아지는 나의 뇌

# 미로를 탈출하라

디지털 세상으로부터 뇌를 탈출시켜드립니다

도서출판 풀잎

### 쉴수록 좋아지는 나의 뇌
# 미로를 탈출하라
디지털 세상으로부터 뇌를 탈출시켜드립니다

**초판 1쇄 인쇄** ㅣ 2018년 1월 15일
**초판 1쇄 발행** ㅣ 2018년 1월 15일

**지은이** ㅣ 도서출판 풀잎
**펴낸이** ㅣ 안대현
**디자인** ㅣ 부성
**펴낸곳** ㅣ 도서출판 풀잎
**등 록** ㅣ 제2-4858호
**주 소** ㅣ 서울시 중구 필동로 8길 61-16
**전 화** ㅣ 02-2274-5445/6
**팩 스** ㅣ 02-2268-3773

**ISBN** 979-11-85186-50-4 13690

- 이 도서의 국립중앙도서관 출판예정도서목록(CIP)은 서지정보유통지원시스템 홈페이지
  (http://seoji.nl.go.kr)와 국가자료공동목록시스템(http://www.nl.go.kr/kolisnet)에서
  이용하실 수 있습니다. (CIP제어번호 : CIP2018000827)

※ 이 책의 저작권은 <도서출판 풀잎>에 있습니다. 저작권법에 의해 보호를 받는 저작물이므로
   무단 전제와 복제를 금합니다.
※ 이 책은 www.shutterstock.com의 라이선스에 따라 적용 가능한 이미지를 사용하였습니다.
※ 잘못된 책은 <도서출판 풀잎>에서 바꾸어 드립니다.

쉴수록 좋아지는 나의 뇌

# 미로를 탈출하라

디지털 세상으로부터 뇌를 탈출시켜드립니다

Digital Detox **Escape the maze**

난이도 ★★★★ | 소요시간 : 00:50

난이도 ★★★★ | 소요시간 : 00:50

Digital Detox **Escape the maze**

난이도 ★★★★ | 소요시간 : 00:50

난이도 ★★★★ | 소요시간 : 00:50

# Digital Detox: Escape the maze

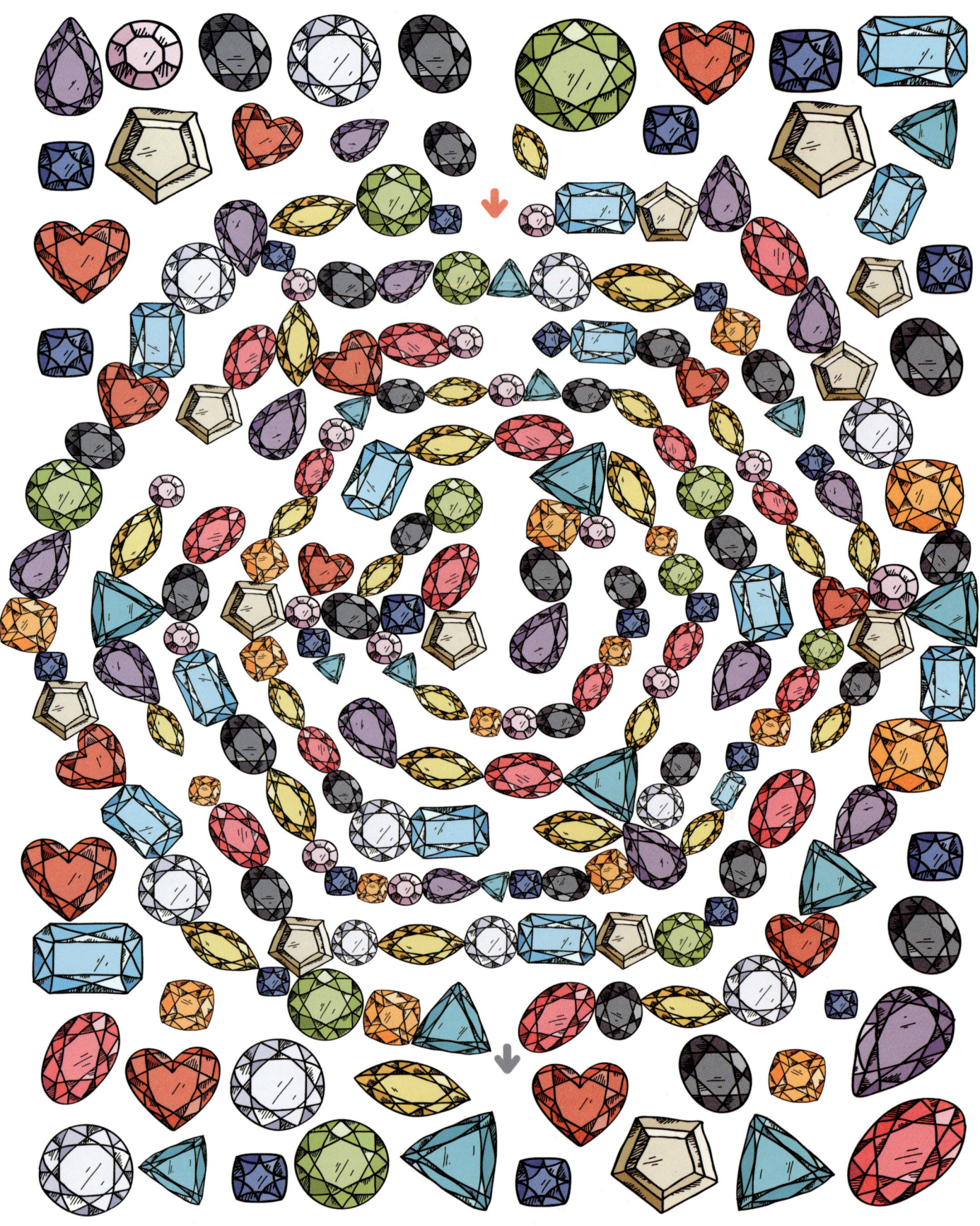

난이도 ★★★★ | 소요시간 : 00:50

Digital Detox **Escape the maze**

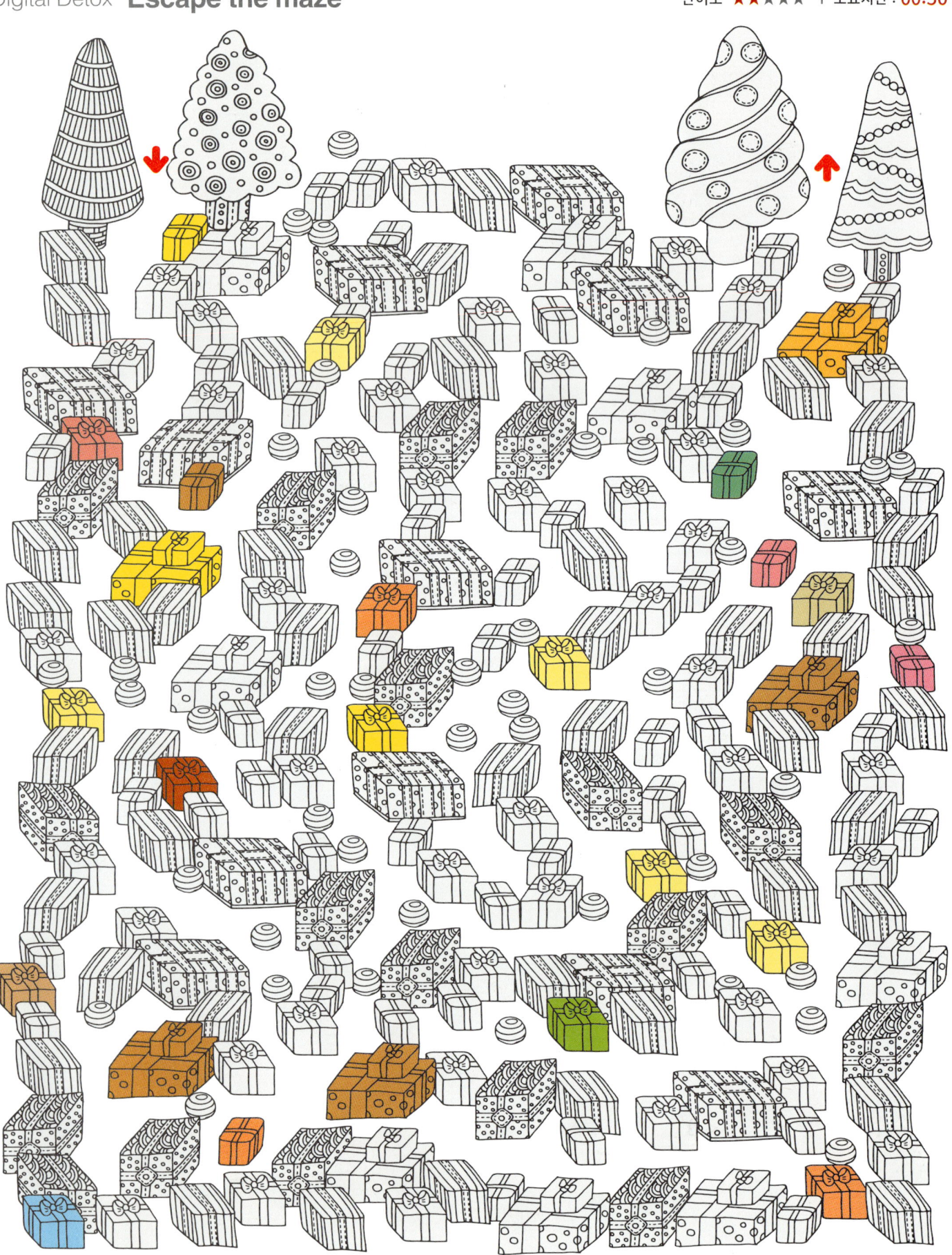

Digital Detox **Escape the maze**

난이도 ★★★★ | 소요시간: 00:50

Escape the maze

난이도 ★★★★ | 소요시간 : 00:50

13

Digital Detox **Escape the maze**

난이도 ★★★★★ | 소요시간 00:50

14 Escape the maze

Digital Detox **Escape the maze**

난이도 ★★☆☆ | 소요시간 00:50

16 Escape the maze

# Digital Detox  **Escape the maze**

난이도 ★★★★ | 소요시간 : 00:50

난이도 ★★☆☆ | 소요시간 : 00:50

Digital Detox **Escape the maze**

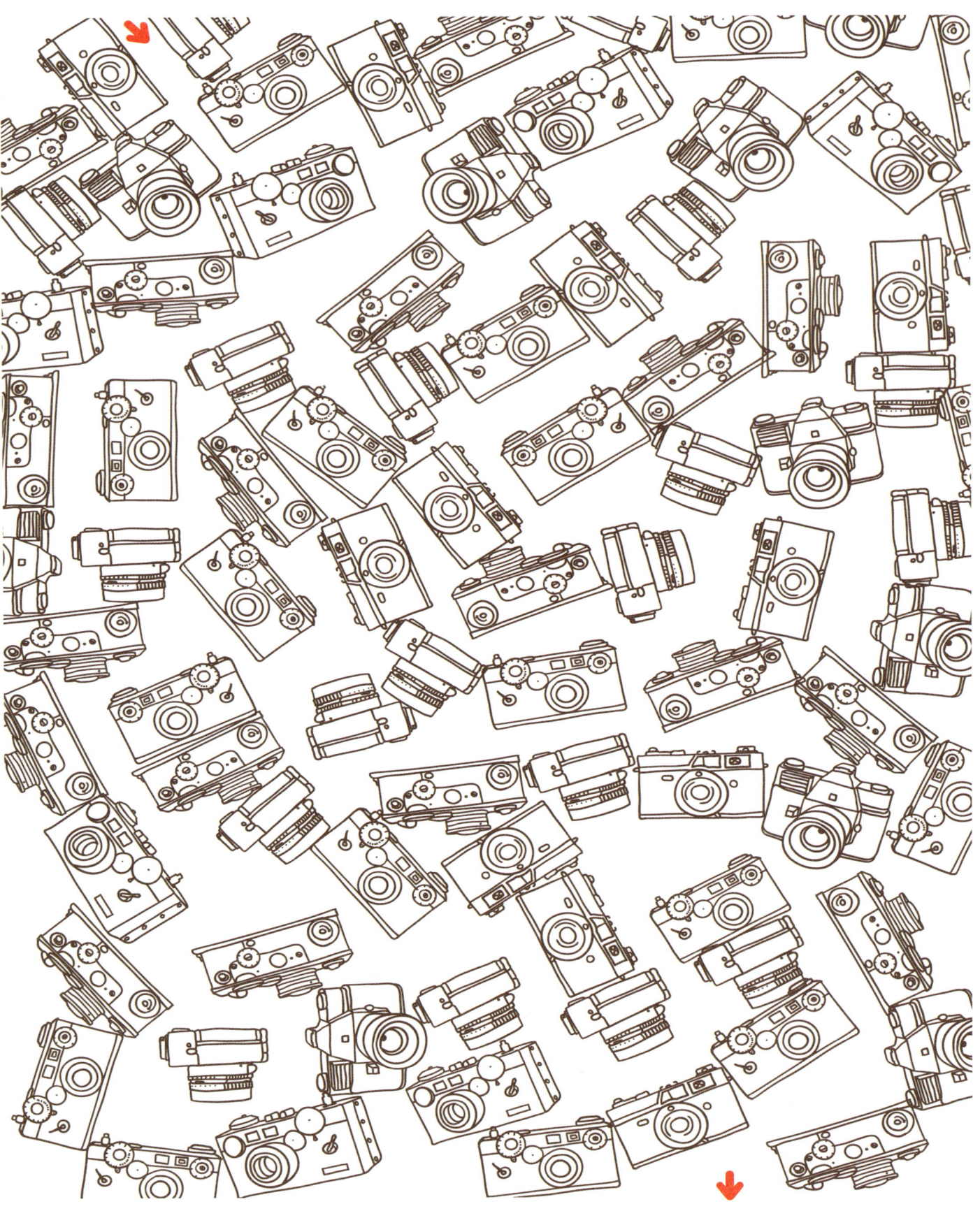

난이도 ★★★★ | 소요시간 : 01:00

21

Digital Detox  **Escape the maze**

난이도 ★★★★★ | 소요시간 : 01:00

22 Escape the maze

난이도 ★★★★★ | 소요시간 01:00

Digital Detox **Escape the maze**

Digital Detox **Escape the maze**

난이도 ★★★★ | 소요시간: 01:00

26 Escape the maze

난이도 ★★★★ | 소요시간 : 01:00

Digital Detox **Escape the maze**

난이도 ★★★★ | 소요시간 : 01:00

Digital Detox **Escape the maze**

Digital Detox **Escape the maze**

난이도 ★★★★ | 소요시간 : 01:00

Digital Detox **Escape the maze**  난이도 ★★★★★ | 소요시간 : 01:10

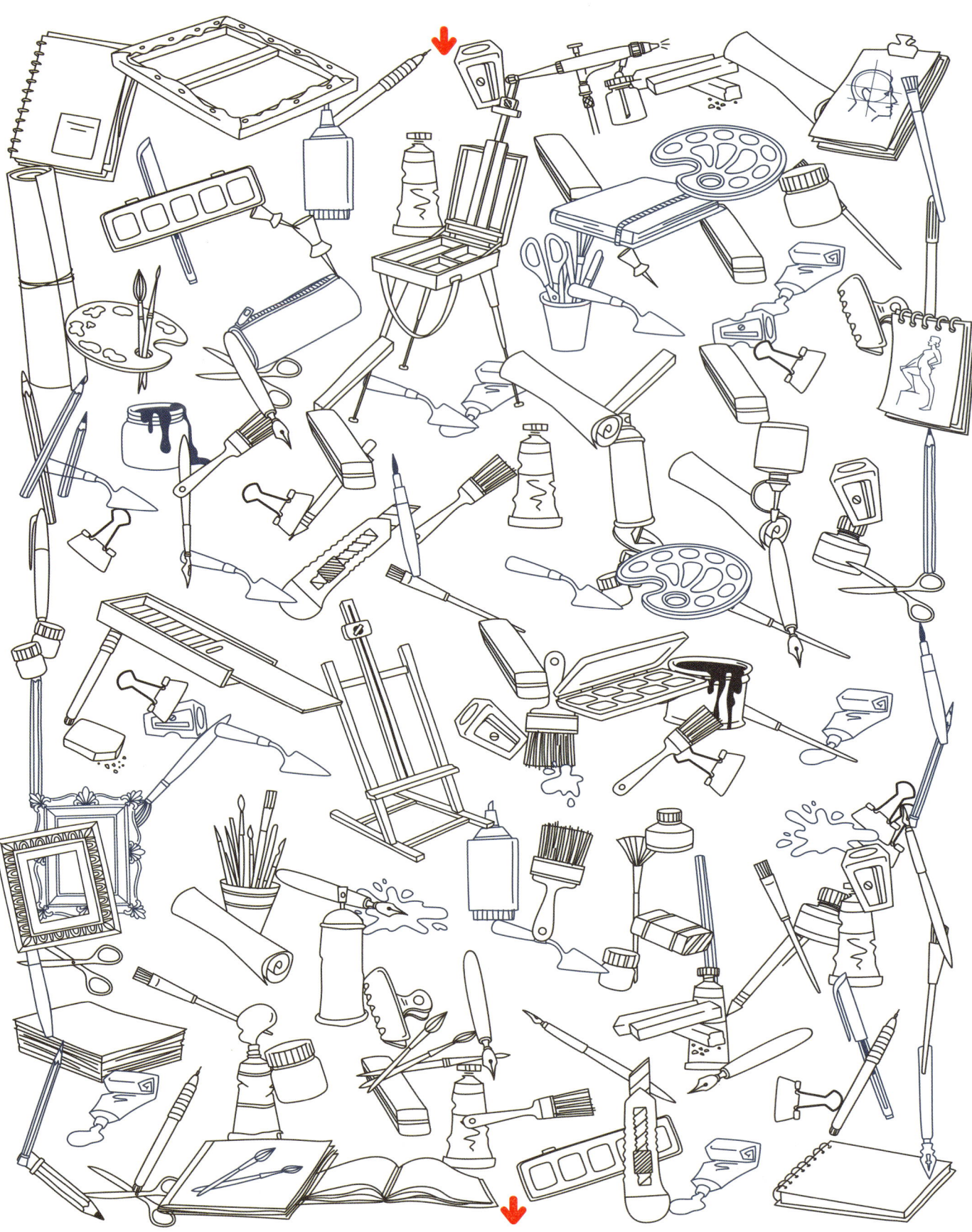

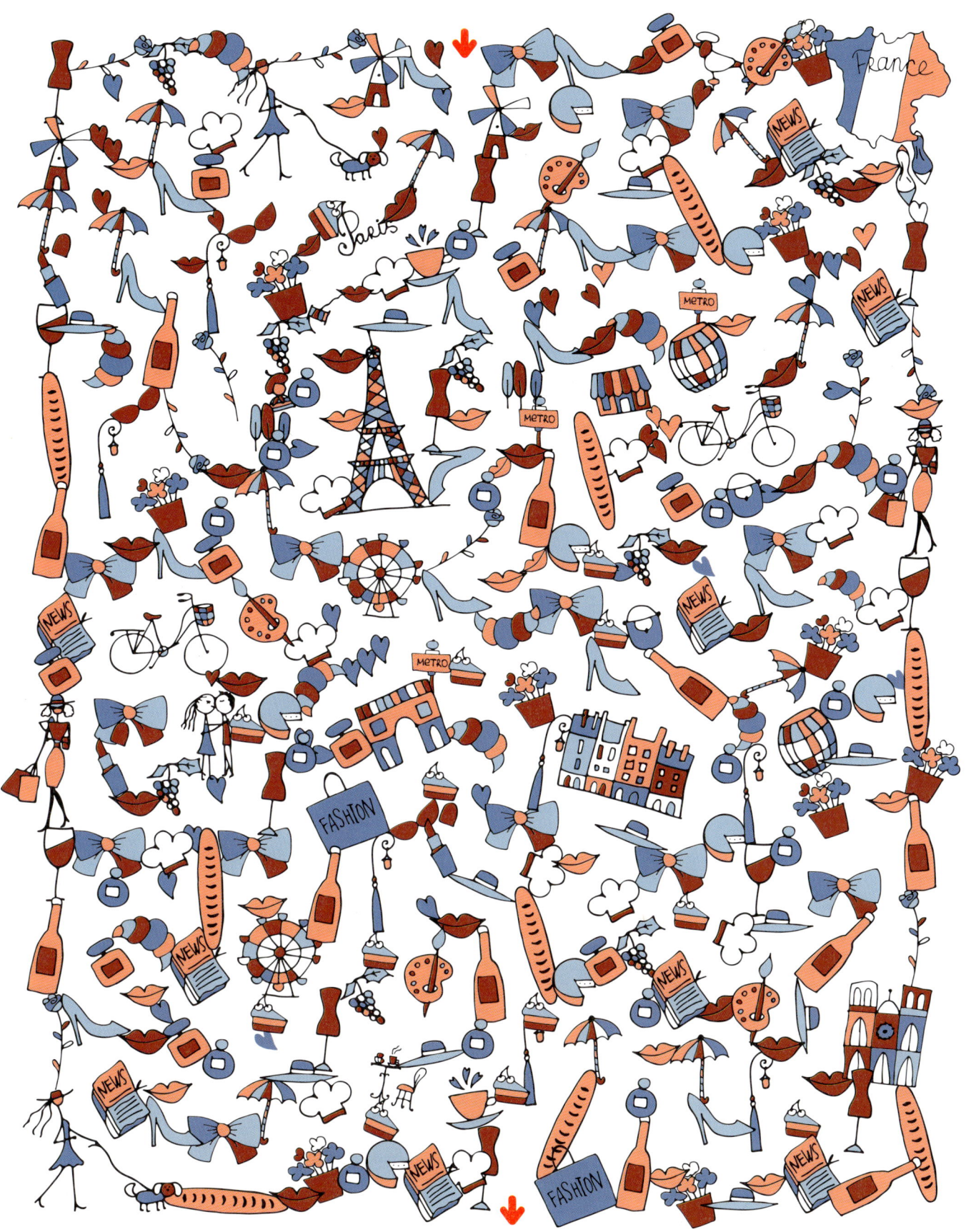

Digital Detox **Escape the maze**

난이도 ★★☆☆  |  소요시간 : **01:10**

Escape the maze

난이도 ★★★★★ | 소요시간 : 01:10

Digital Detox **Escape the maze**

난이도 ★★★★★ | 소요시간 : 01:10

난이도 ★★★★ | 소요시간 : 01:10

39

Digital Detox **Escape the maze**

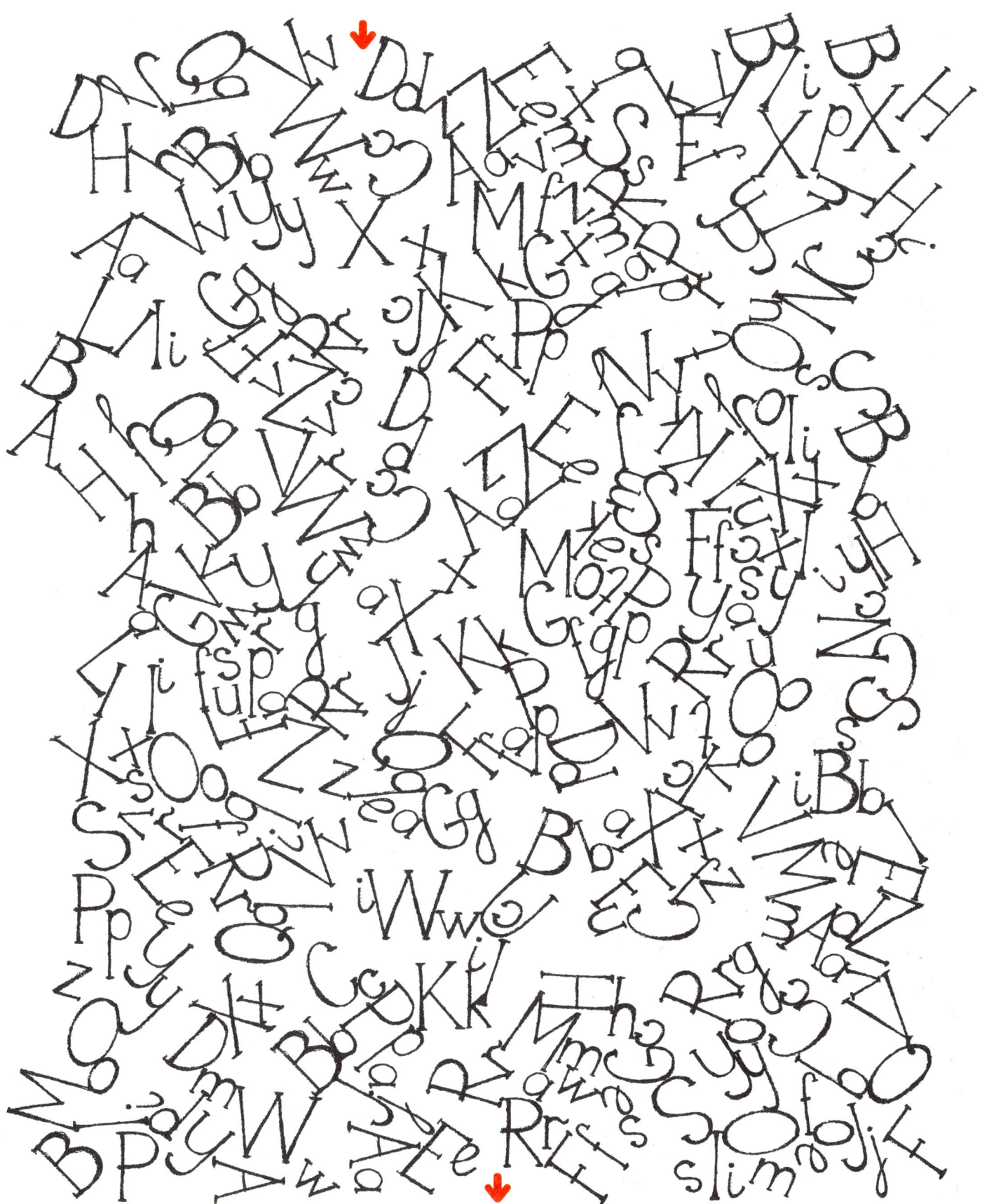

Digital Detox **Escape the maze**

난이도 ★★★★ | 소요시간 01:20

Escape the maze

Digital Detox **Escape the maze**

난이도 ★★★★ | 소요시간 : 01:20

난이도 ★★★★★ | 소요시간 : 01:20

Digital Detox **Escape the maze**

난이도 ★★☆☆☆ | 소요시간 : 01:20

난이도 ★★★★★ | 소요시간 : 01:20

Digital Detox **Escape the maze**

난이도 ★★★★ | 소요시간 : 01:30

Digital Detox **Escape the maze**

난이도 ★★★☆☆ | 소요시간 : 01:30

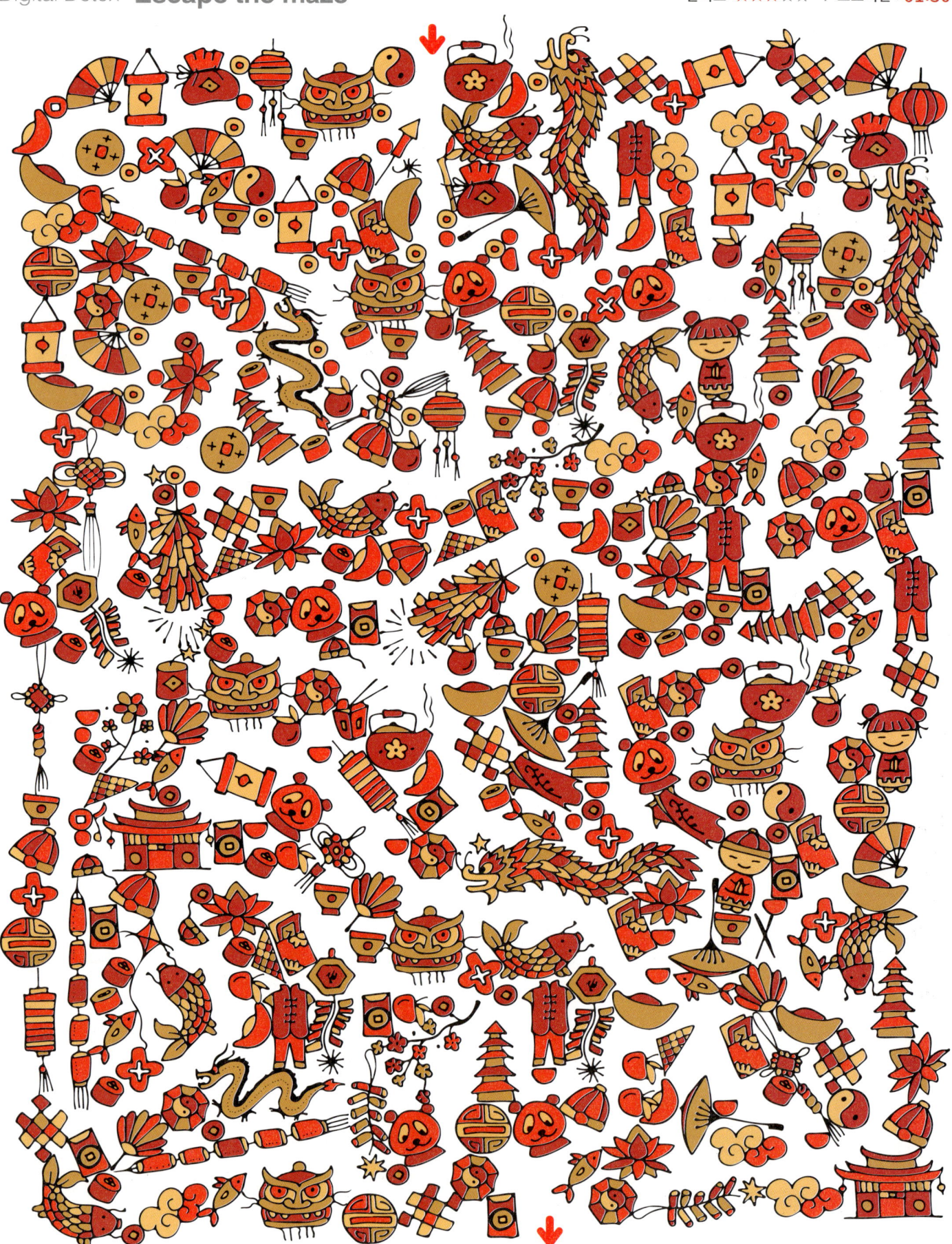

Escape the maze

난이도 ★★★★★ | 소요시간 01:30

Digital Detox **Escape the maze**

난이도 ★★★★ | 소요시간 : 01:30

Digital Detox **Escape the maze**

난이도 ★★★★ | 소요시간 : **01:30**

난이도 ★★★★ | 소요시간 : 01:30

Digital Detox **Escape the maze**

난이도 ★★★★ | 소요시간: 01:30

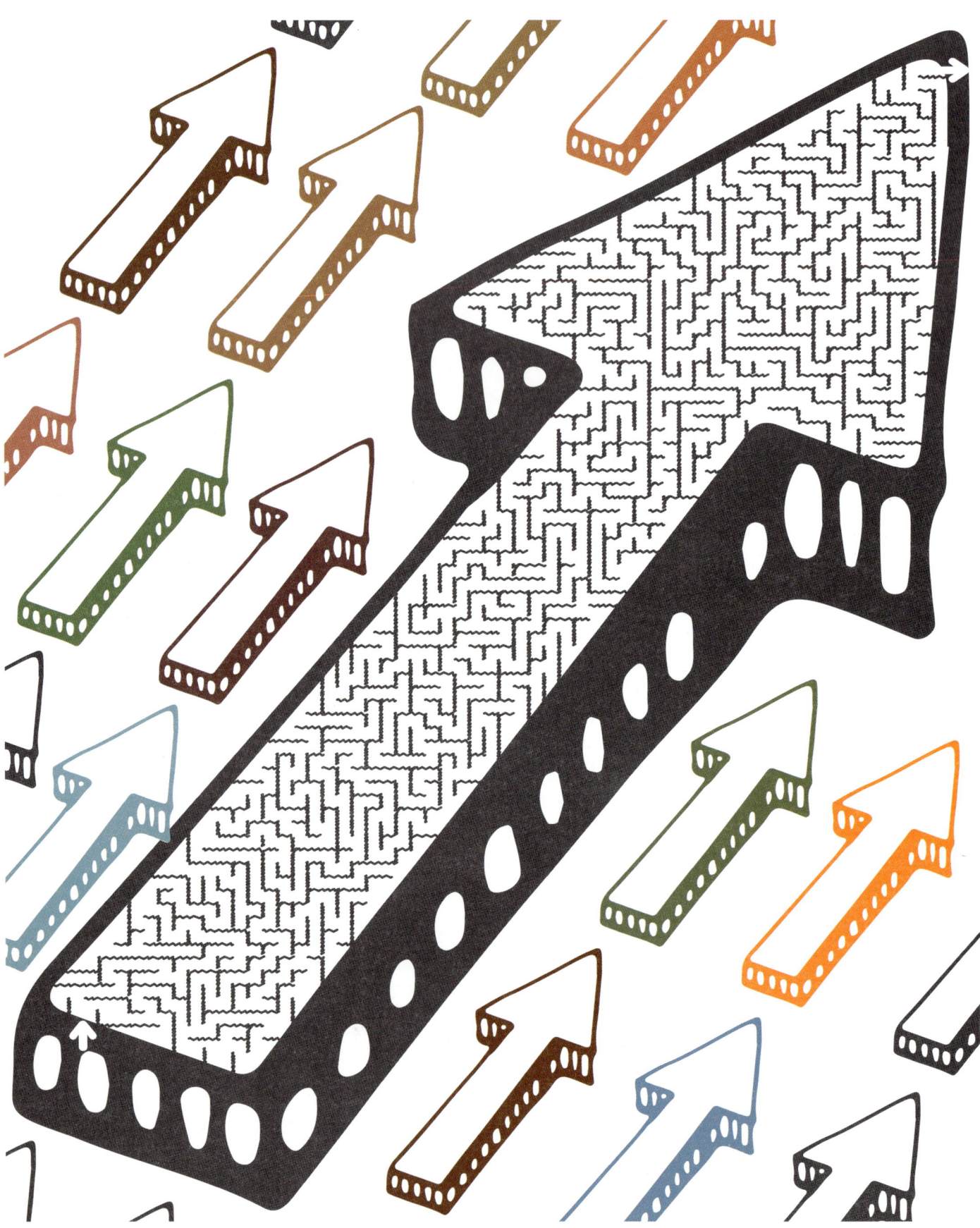

56 Escape the maze

난이도 ★★★★★ | 소요시간 : 01:30

57

Digital Detox **Escape the maze**

난이도 ★★★★★ | 소요시간 : **01:40**

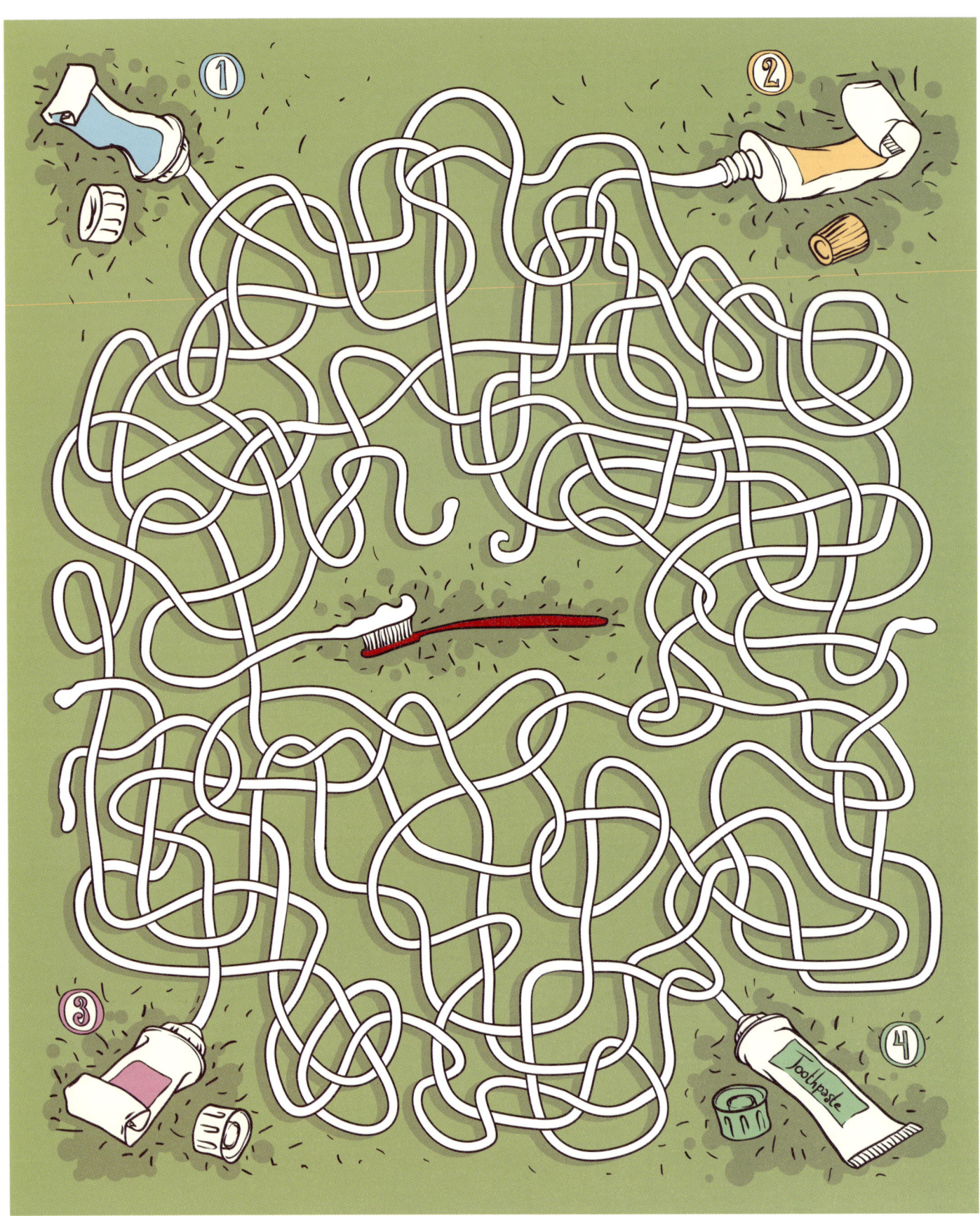

**58** Escape the maze

난이도 ★★★★ | 소요시간 : 01:40

Digital Detox  **Escape the maze**   난이도 ★★★★★  |  소요시간: **01:40**

Escape the maze

난이도 ★★★★★ | 소요시간 : 01:40

61

Digital Detox **Escape the maze**

난이도 ★★★★★ | 소요시간 : 01:40

Escape the maze

난이도 ★★★★★ | 소요시간 : 01:40

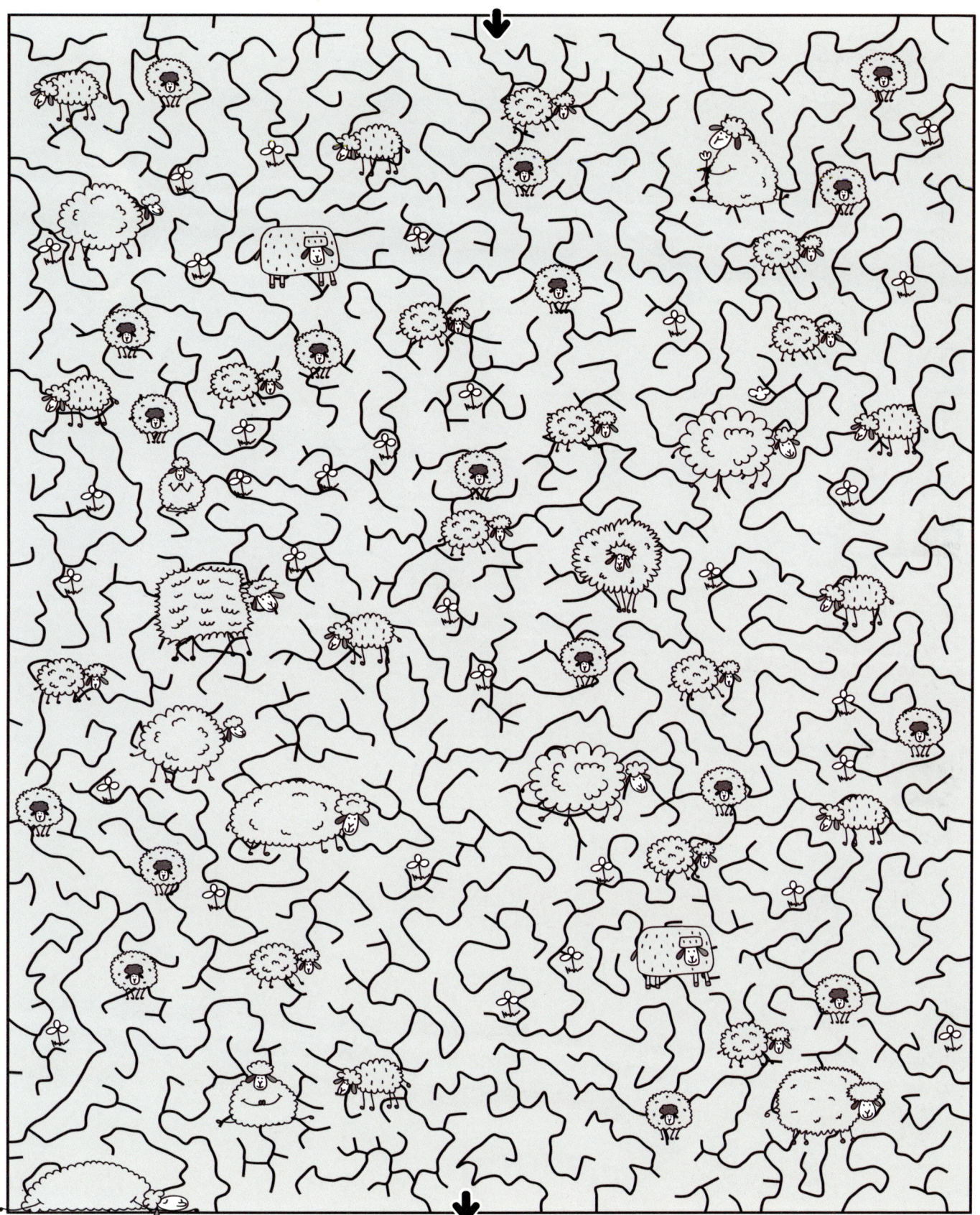

Digital Detox **Escape the maze**

난이도 ★★★★★ | 소요시간 : 02:00

난이도 ★★★★★ | 소요시간 : 02:00

Digital Detox **Escape the maze**

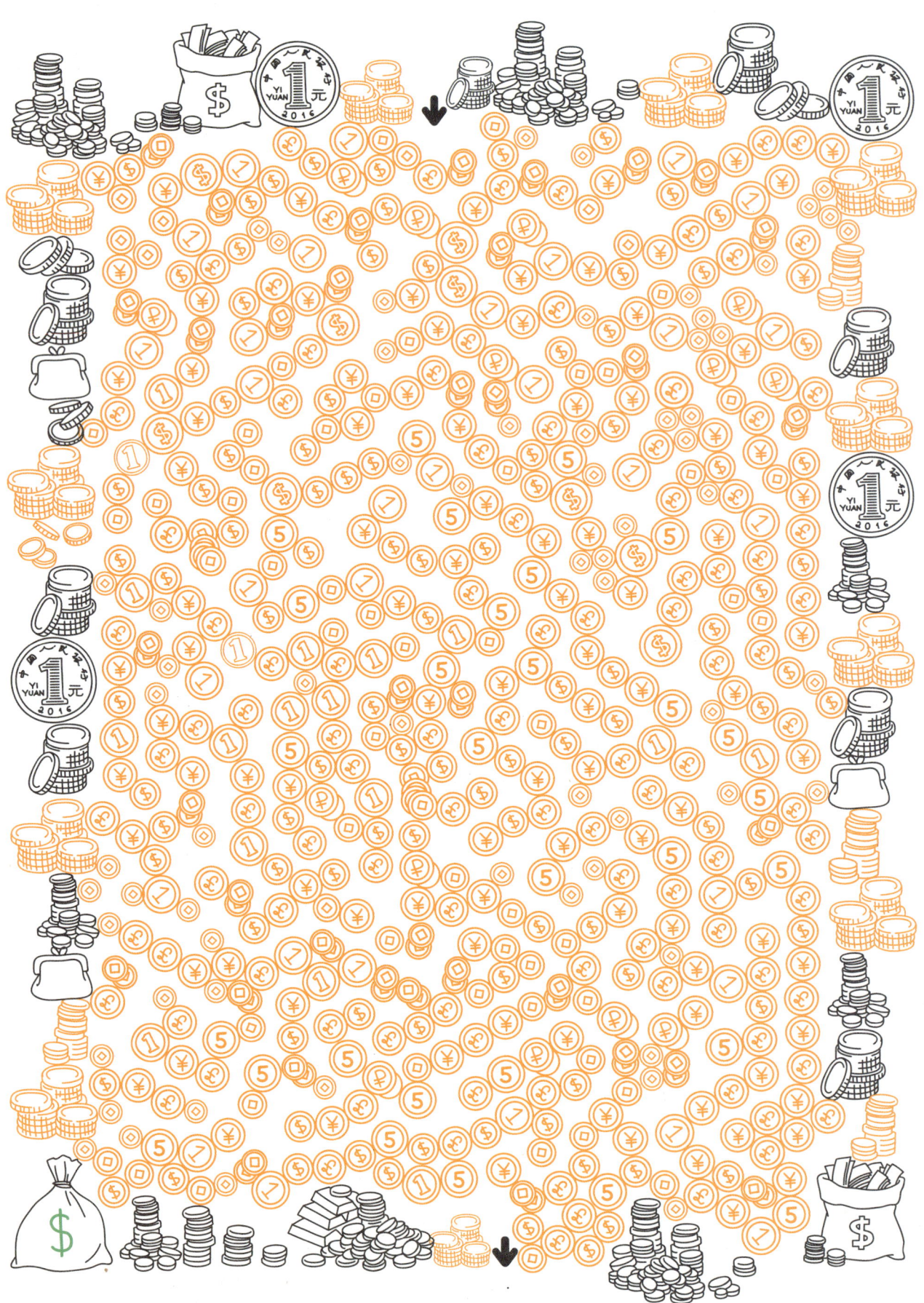

Digital Detox **Escape the maze**

난이도 ★★★★★ | 소요시간 : 02:10

Digital Detox **Escape the maze**

난이도 ★★★★★ | 소요시간 : 02:20

Digital Detox **Escape the maze**

Digital Detox **Escape the maze**

난이도 ★★★★★ | 소요시간 : 02:30

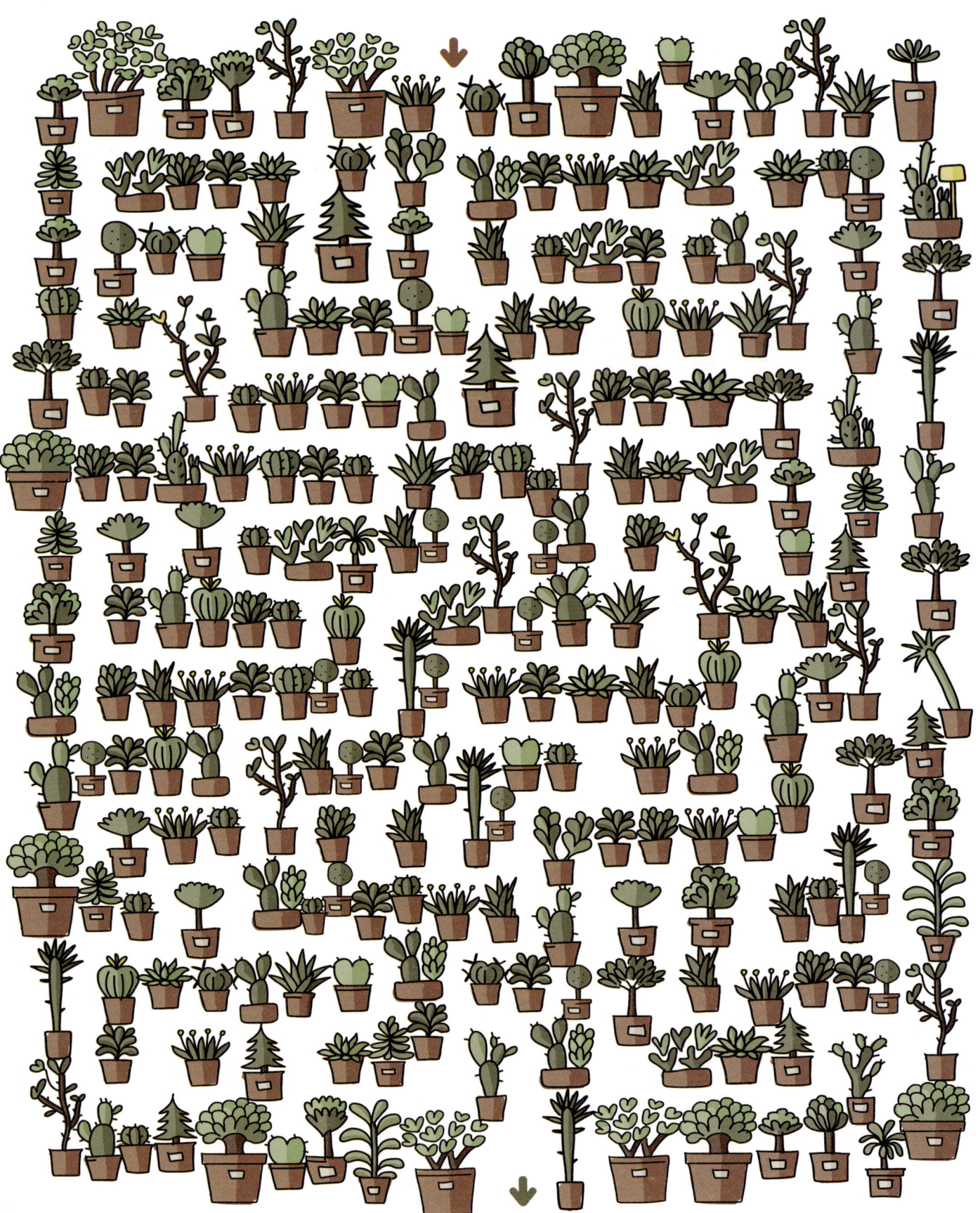

74 Escape the maze

난이도 ★★★★★ | 소요시간 : 02:45

75

Digital Detox **Escape the maze**

난이도 ★★★★★ | 소요시간 : 03:00

난이도 ★★★★★ | 소요시간 : 03:00

Digital Detox **Escape the maze**

78 Escape the maze

Digital Detox **Escape the maze**

난이도 ★★★★★ | 소요시간 : 03:00

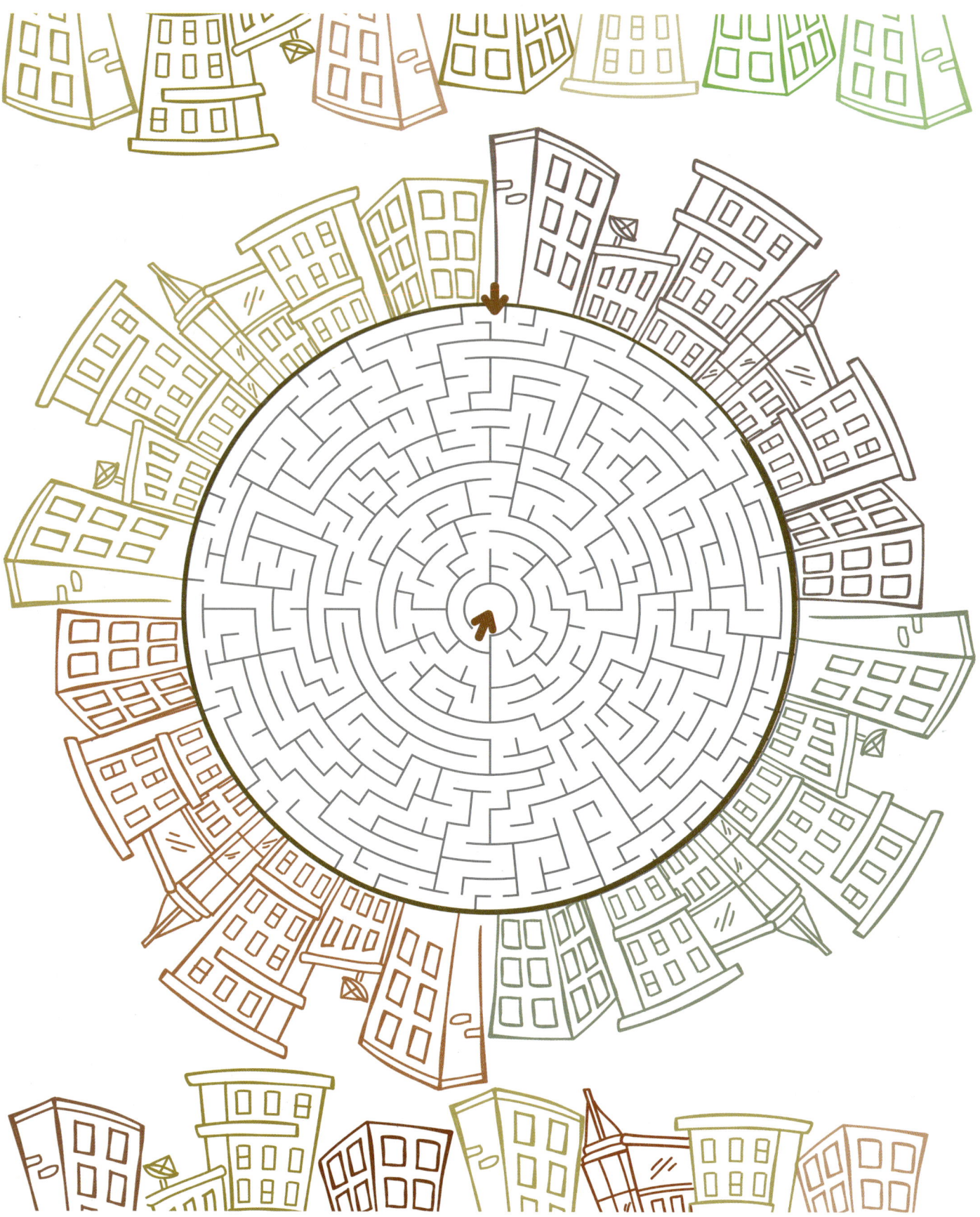

Digital Detox **Escape the maze**

난이도 ★★★★★ | 소요시간 03:10

Digital Detox **Escape the maze**

난이도 ★★★★★ | 소요시간 03:10

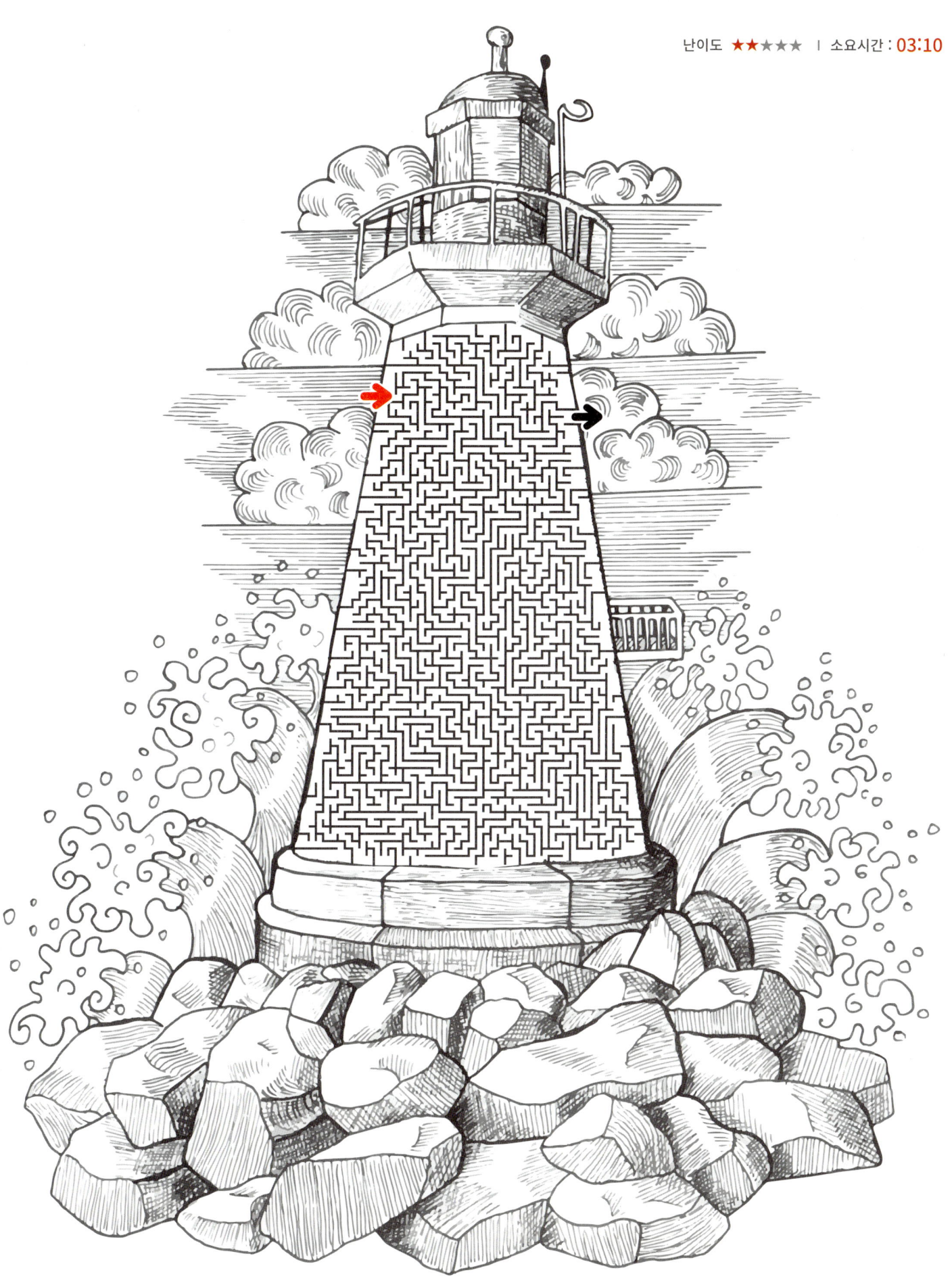

Digital Detox **Escape the maze**

난이도 ★★★★★ | 소요시간 : 03:10

난이도 ★★★☆☆ | 소요시간 : 03:20

Digital Detox **Escape the maze**

난이도 ★★★★★ | 소요시간 : 03:20

난이도 ★★★★★ | 소요시간 : 03:30

Digital Detox **Escape the maze**   난이도 ★★★★★ | 소요시간 : 03:30

Digital Detox **Escape the maze**

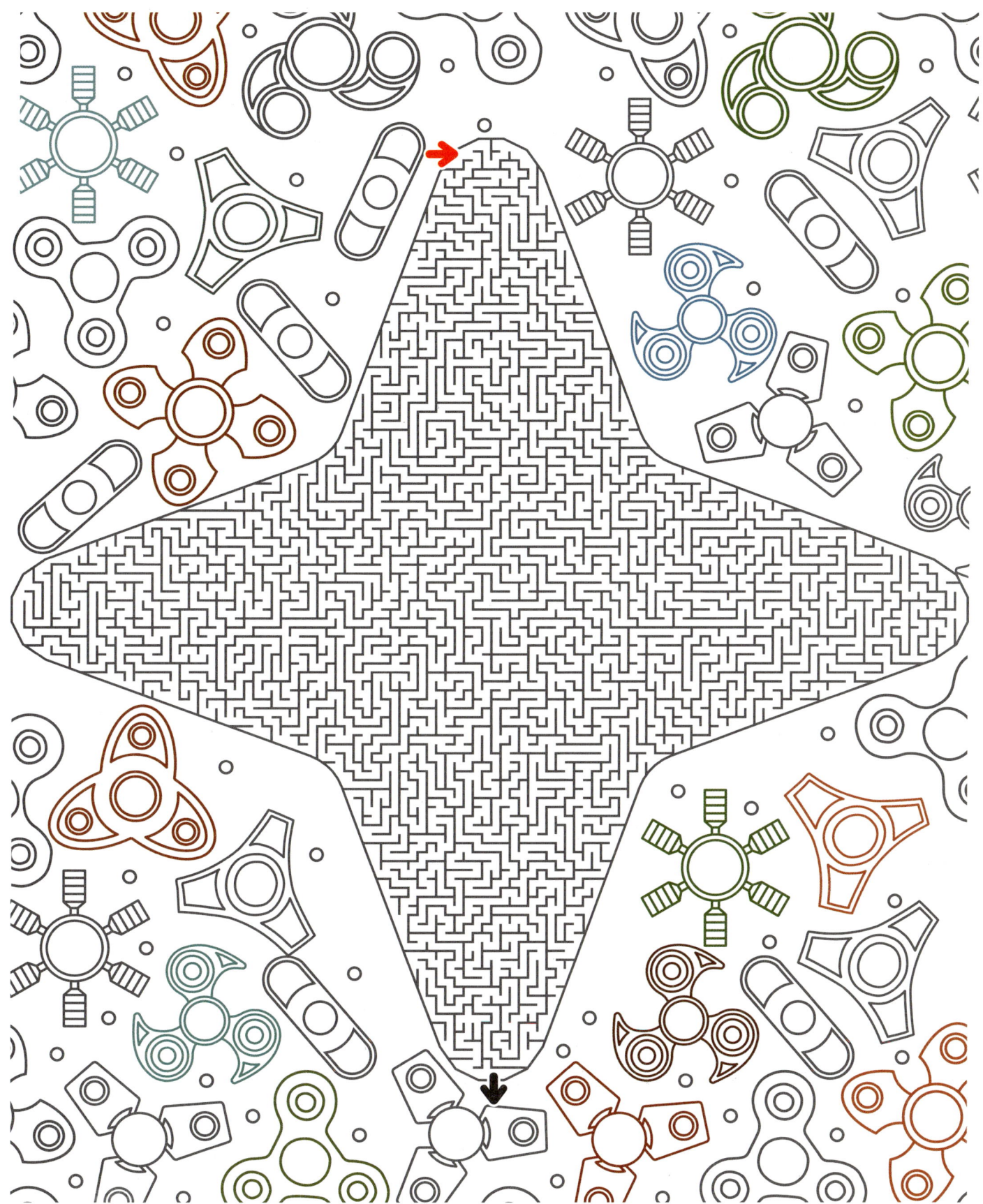

Digital Detox **Escape the maze**

난이도 ★★★★★ | 소요시간 : **05:00**

난이도 ★★★★★ | 소요시간 : 05:00

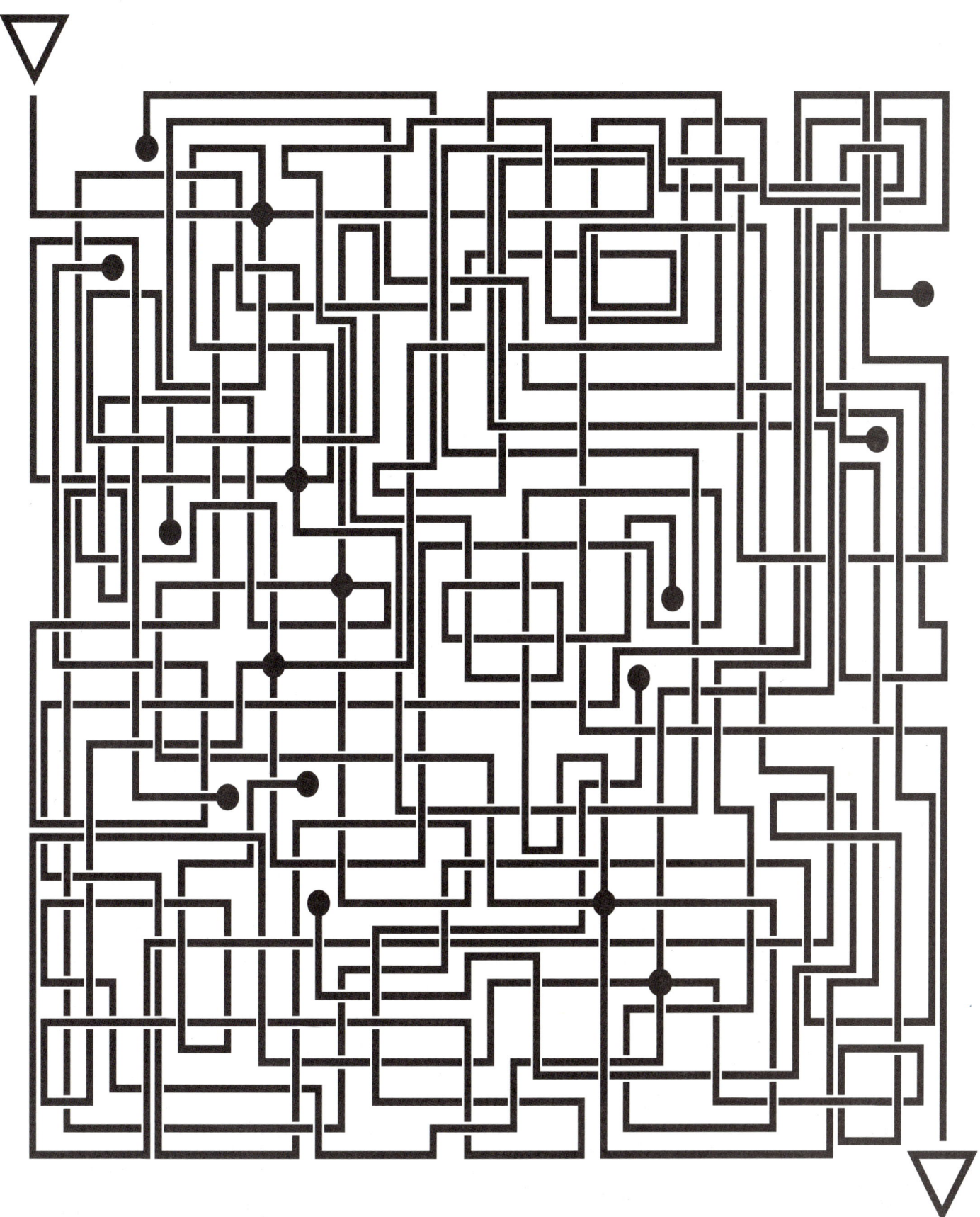

Digital Detox **Escape the maze**

난이도 ★★★★★ | 소요시간: **05:00**

Digital Detox **Escape the maze**

난이도 ★★★★★ | 소요시간 : 05:00

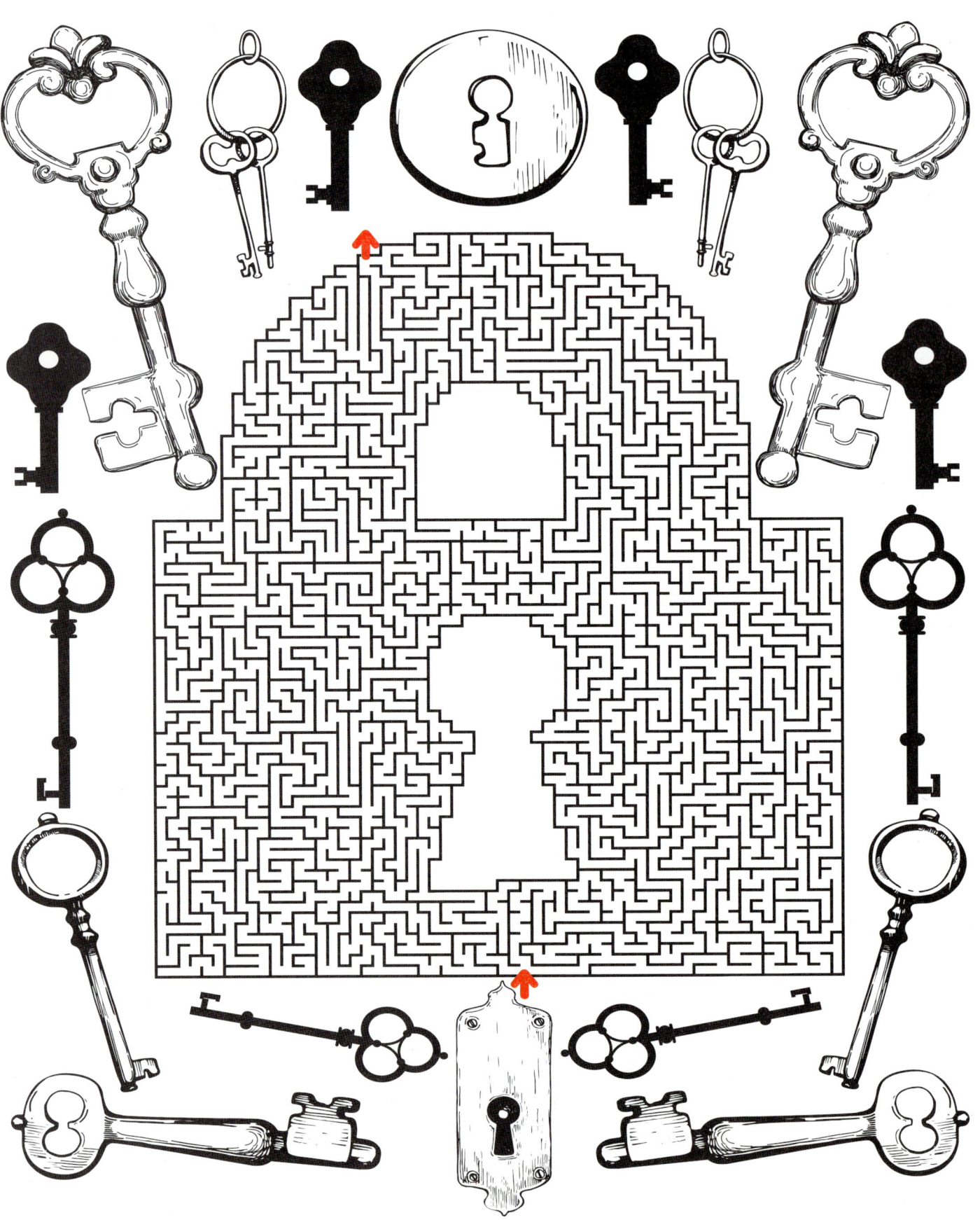

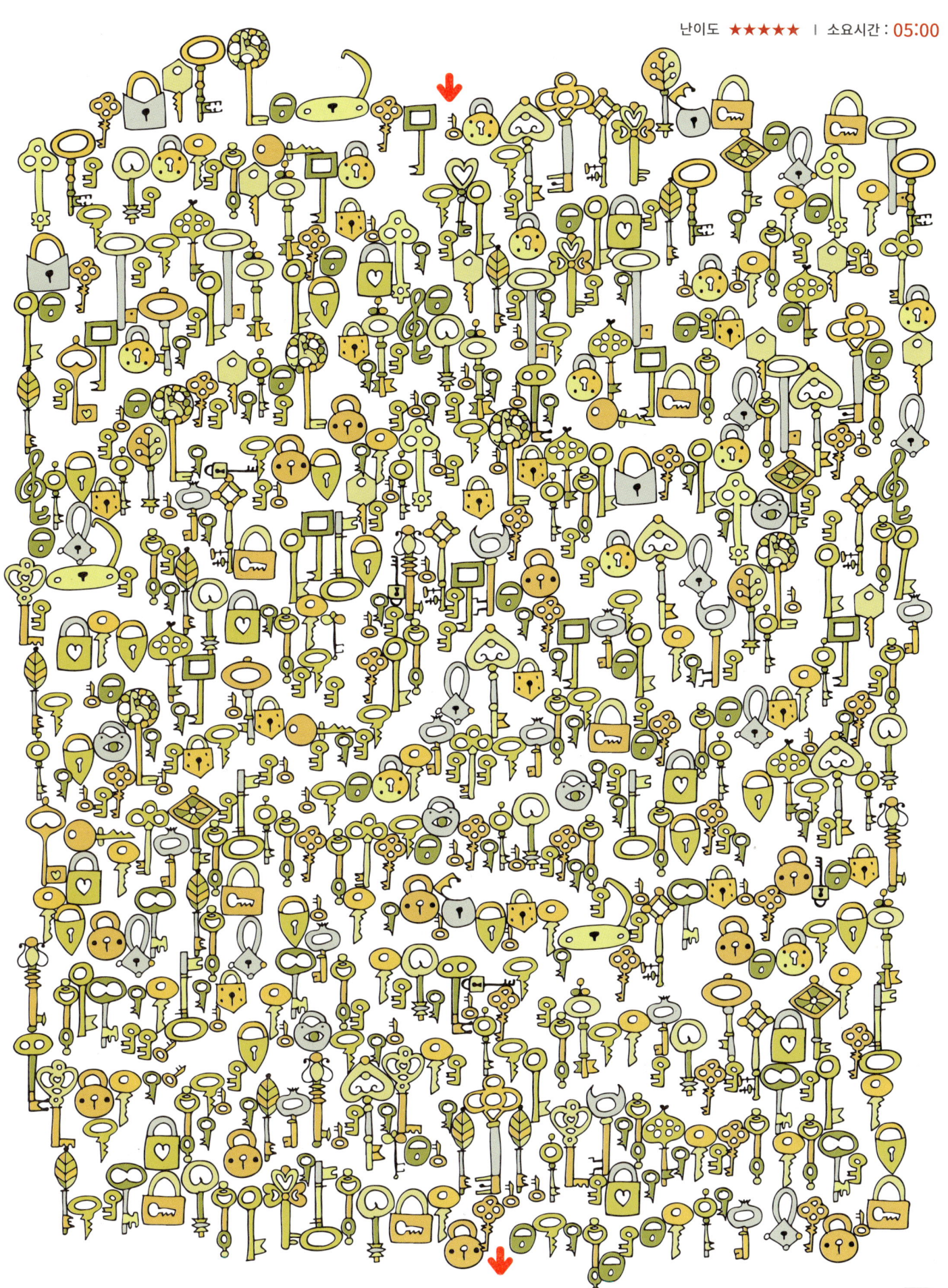

Digital Detox **Escape the maze**

난이도 ★★★★★ | 소요시간 : 06:00

Digital Detox **Escape the maze**

난이도 ★★★★★ | 소요시간 : 06:00

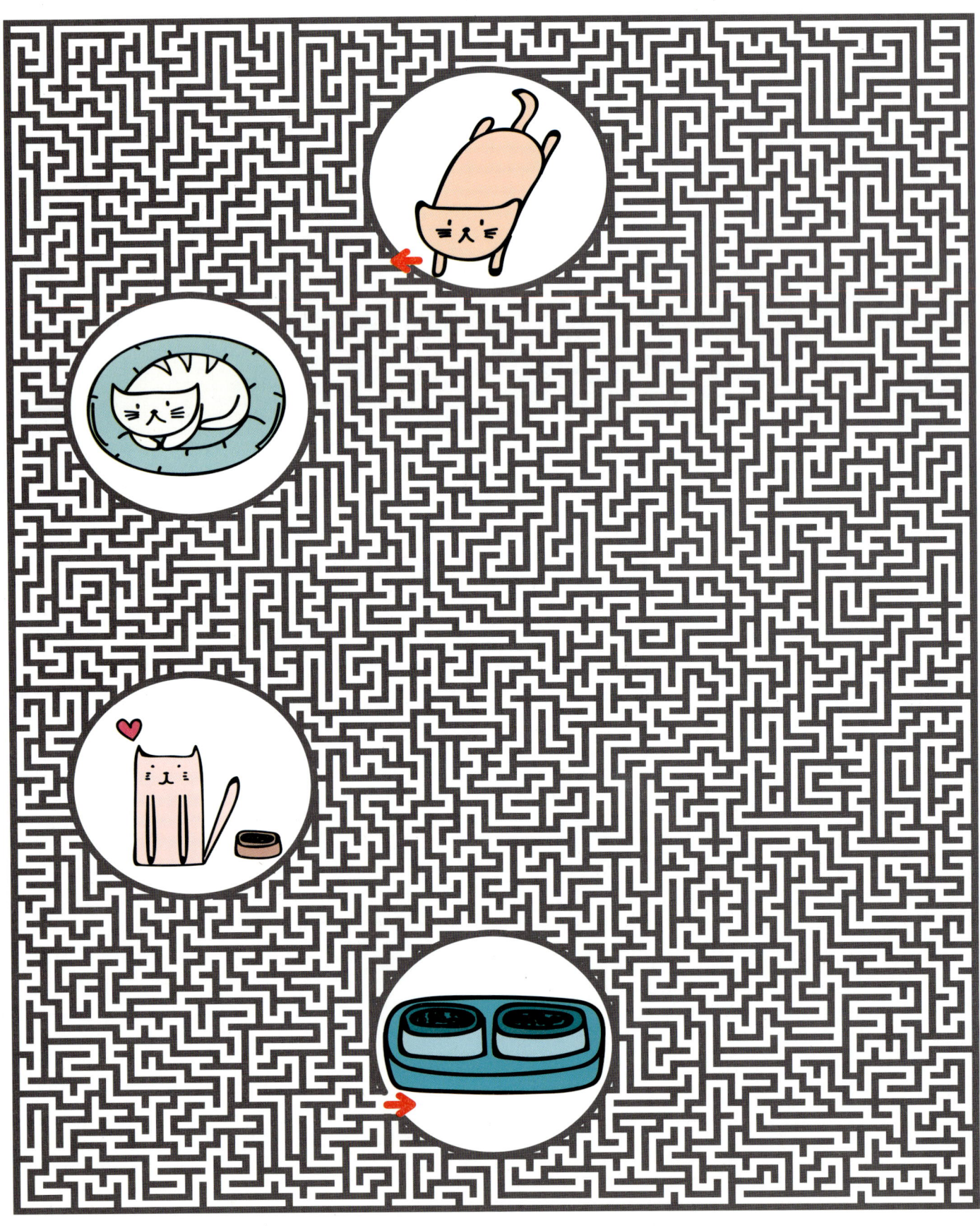

## 해답

쉴수록 좋아지는 나의 뇌
# 미로를 탈출하라

디지털 세상으로부터 뇌를 탈출시켜드립니다

p. 4
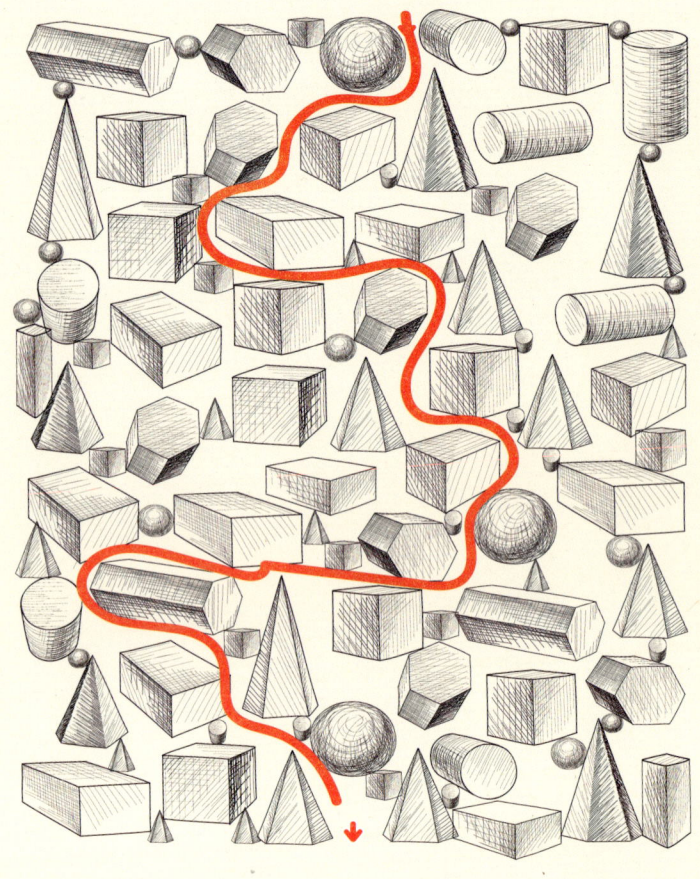

p. 5

p. 6

p. 7

104 Find Differences

p. 8
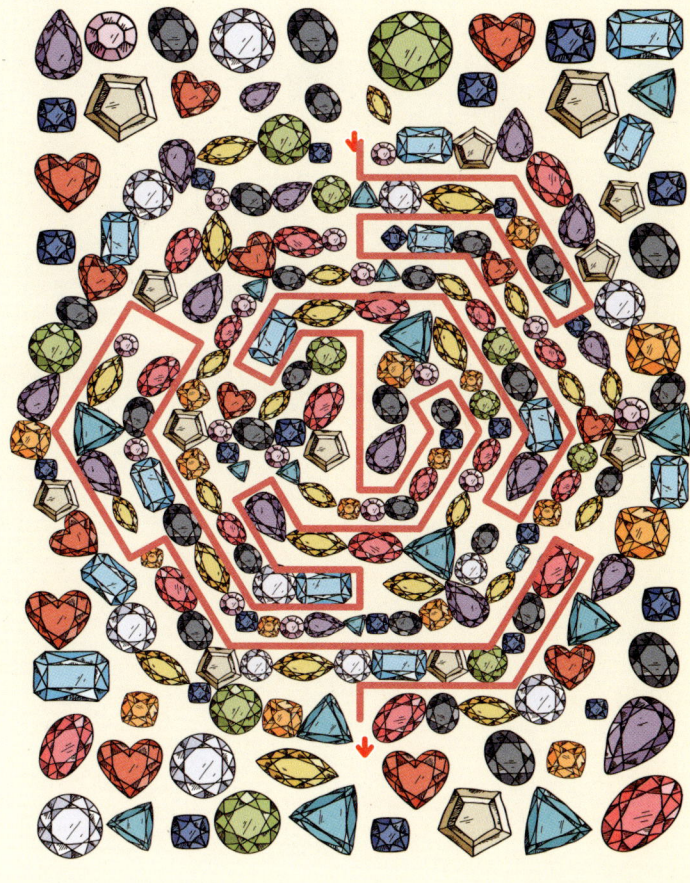

p. 9

p. 10
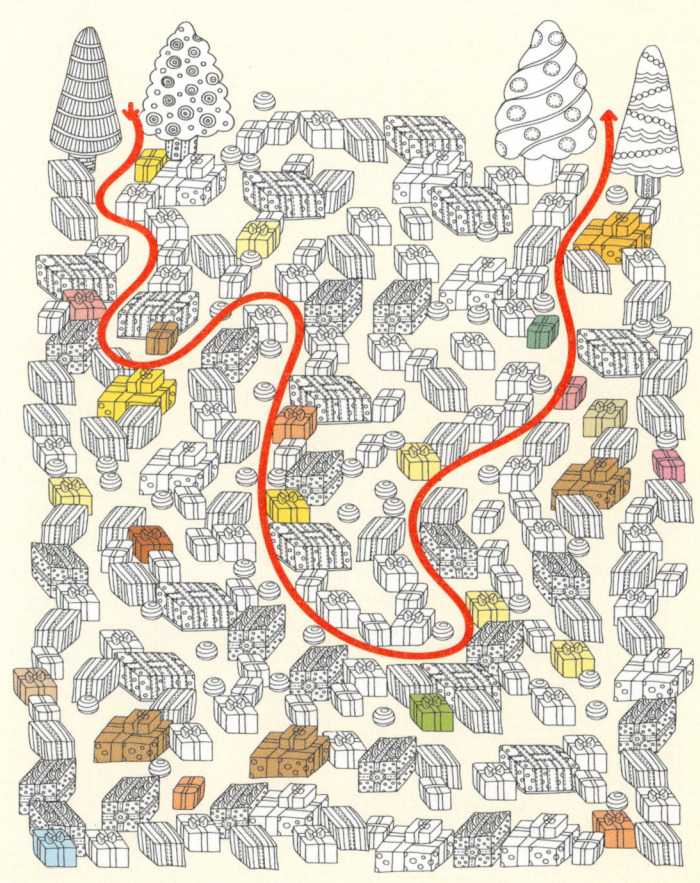

p. 11

해답

p. 12

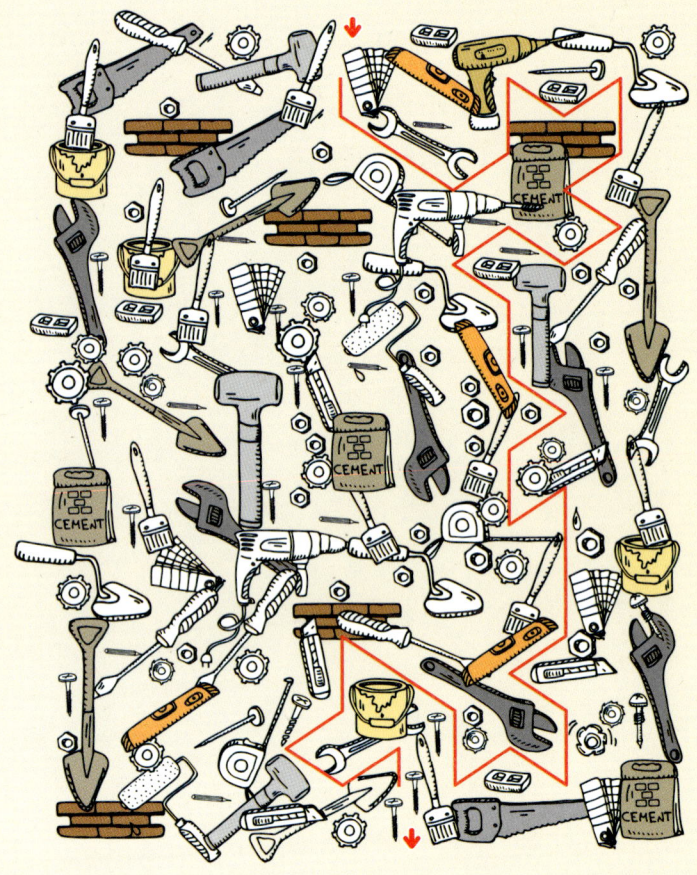

p. 13

p. 14

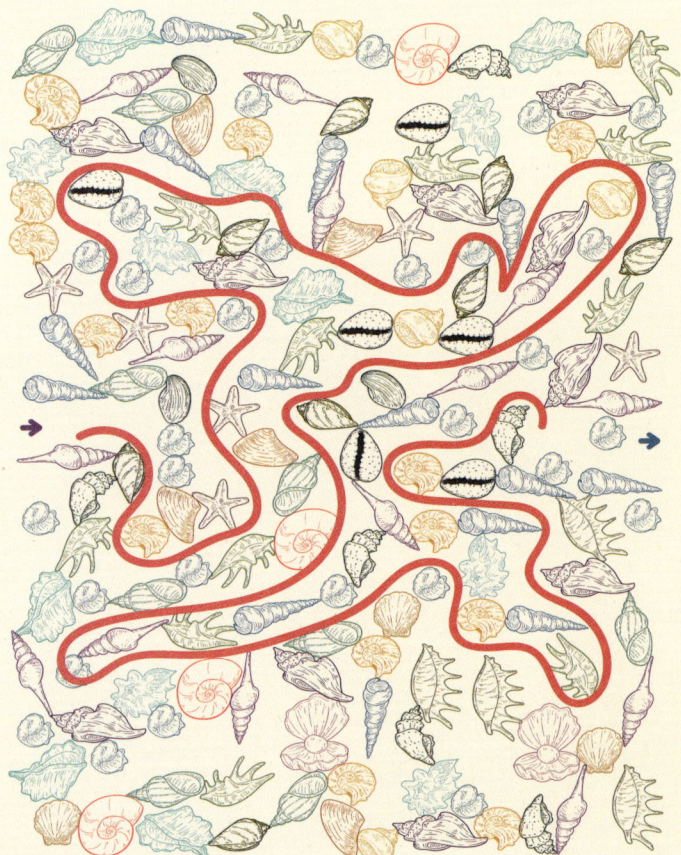

p. 15

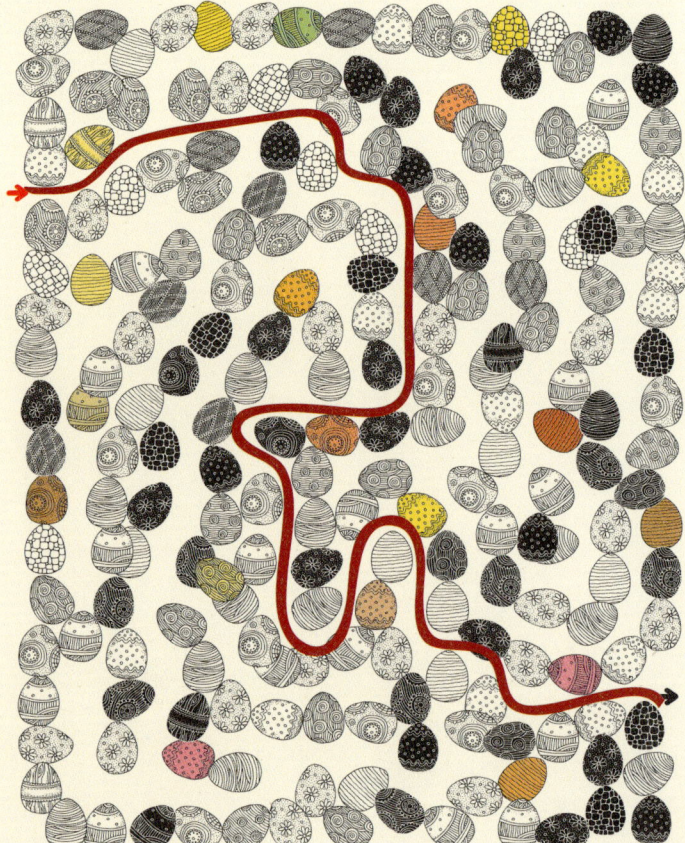

p. 16

p. 17
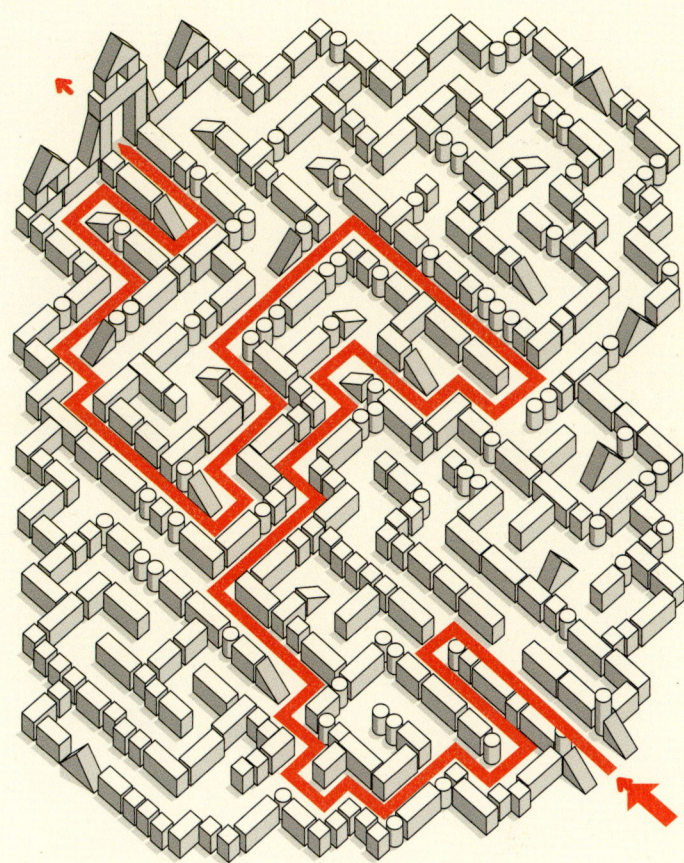

p. 18

p. 19
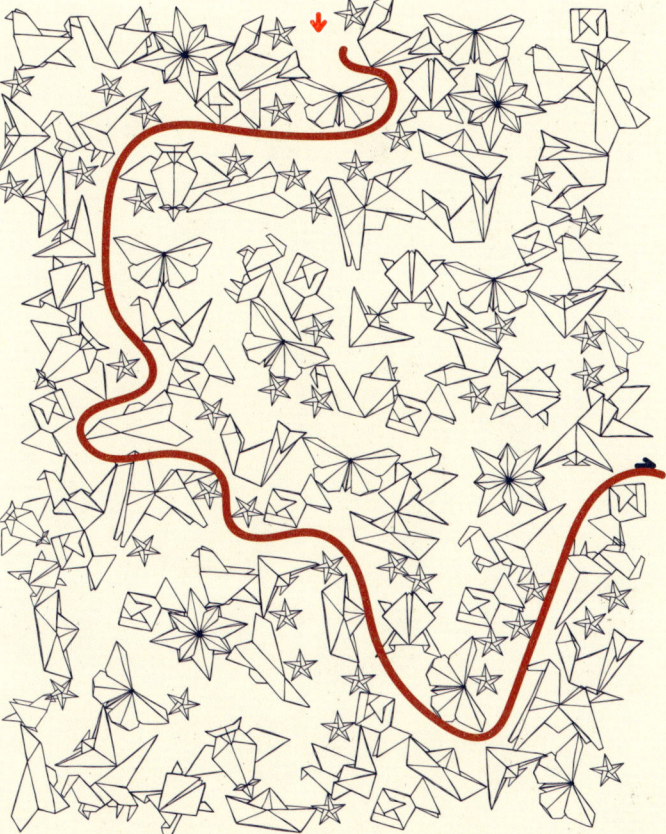

해답 107

p. 20

p. 21

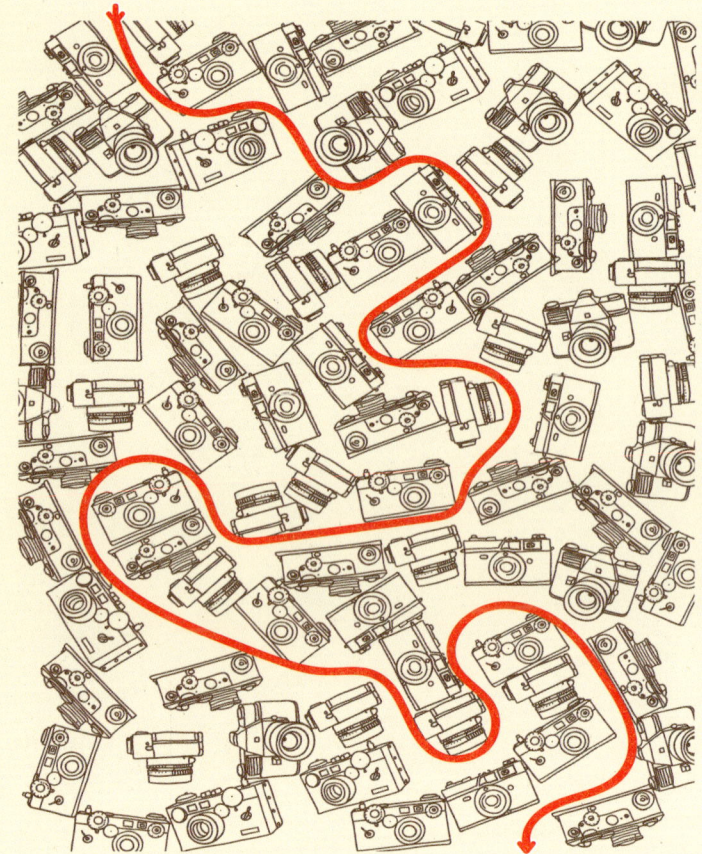

p. 22

p. 23

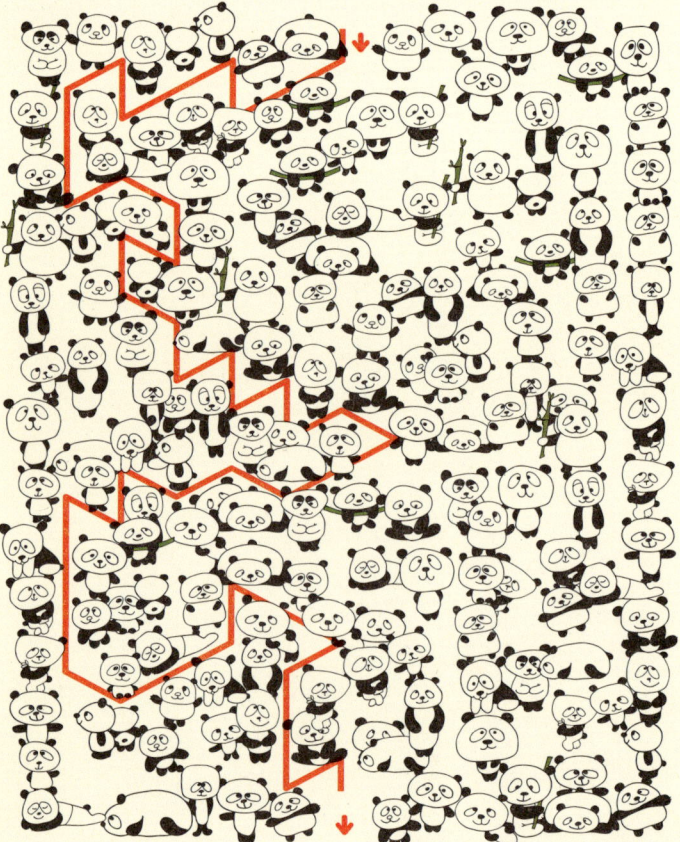

108 Find Differences

p. 24

p. 25

p. 26

p. 27

p. 28

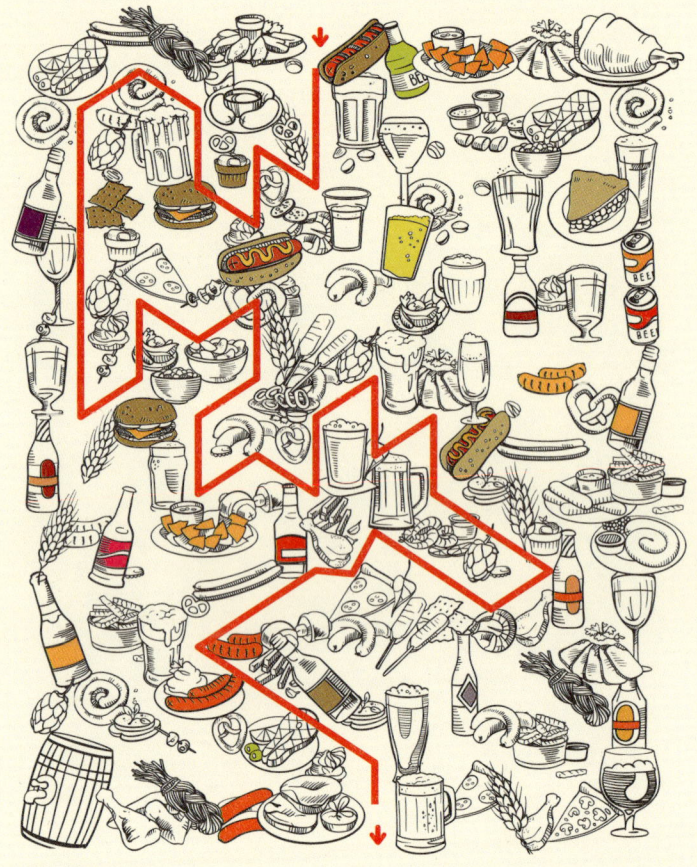

p. 29

p. 30

p. 31

110  Find Differences

p. 32

p. 33

p. 34

p. 35

해답

p. 36

p. 37

p. 38

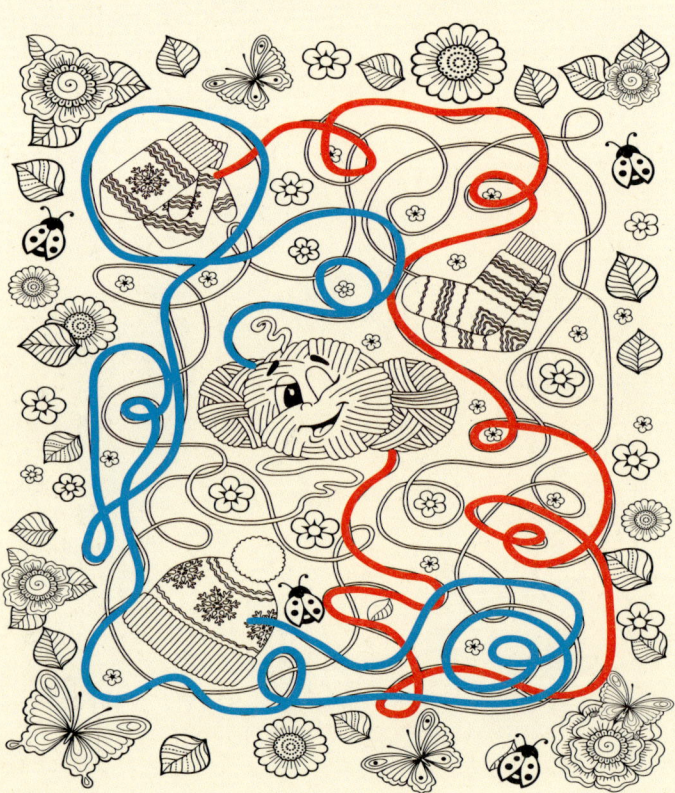

p. 39

112  Find Differences

p. 40

p. 41

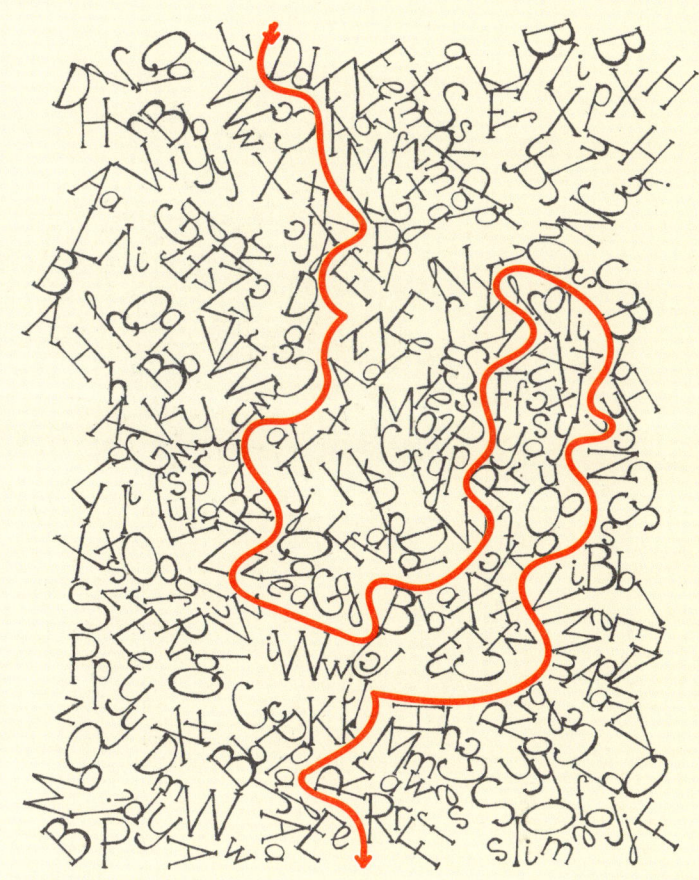

p. 42

p. 43

p. 44

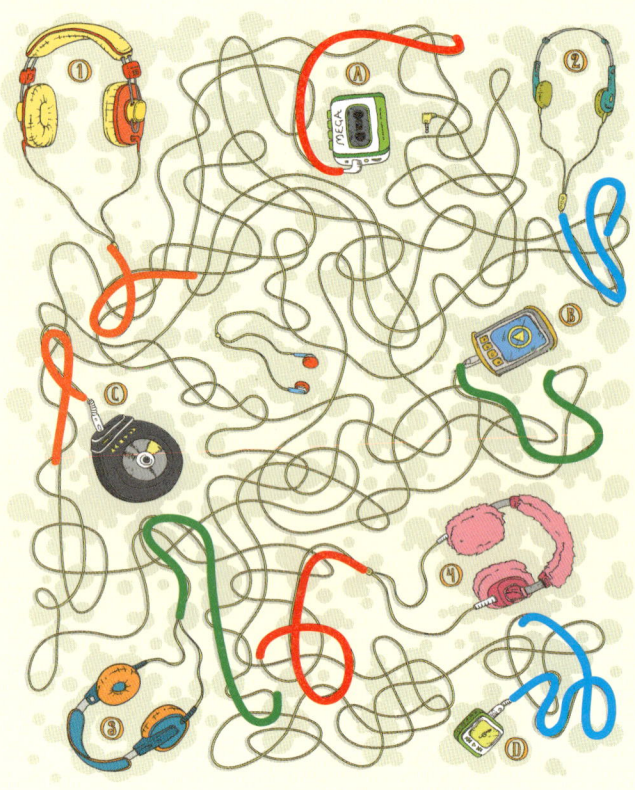

p. 45

p. 46

p. 47

Find Differences

p. 48

p. 49

p. 50

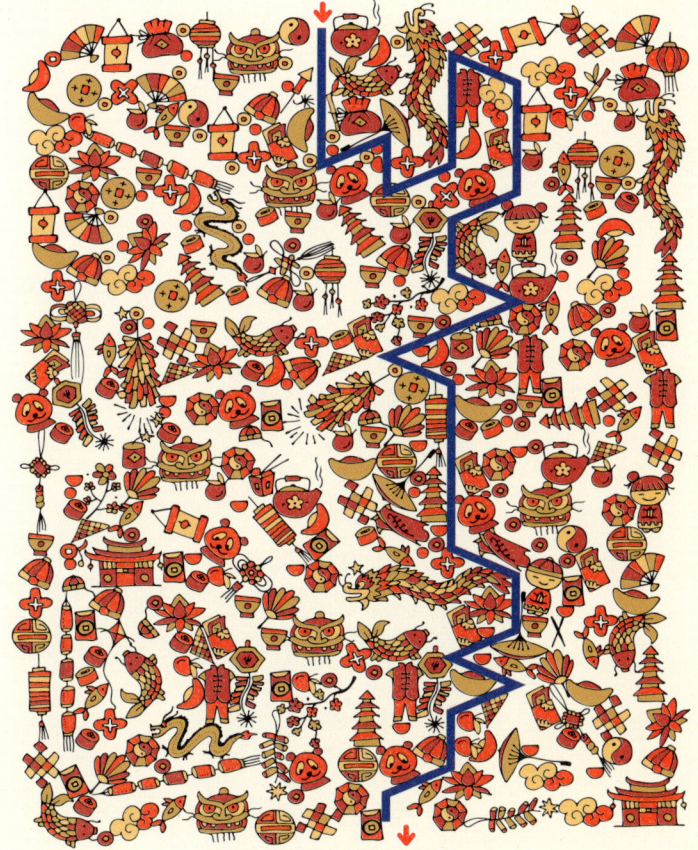

p. 51

해답

p. 52

p. 53

p. 54

p. 55

116 Find Differences

p. 56

p. 57

p. 58
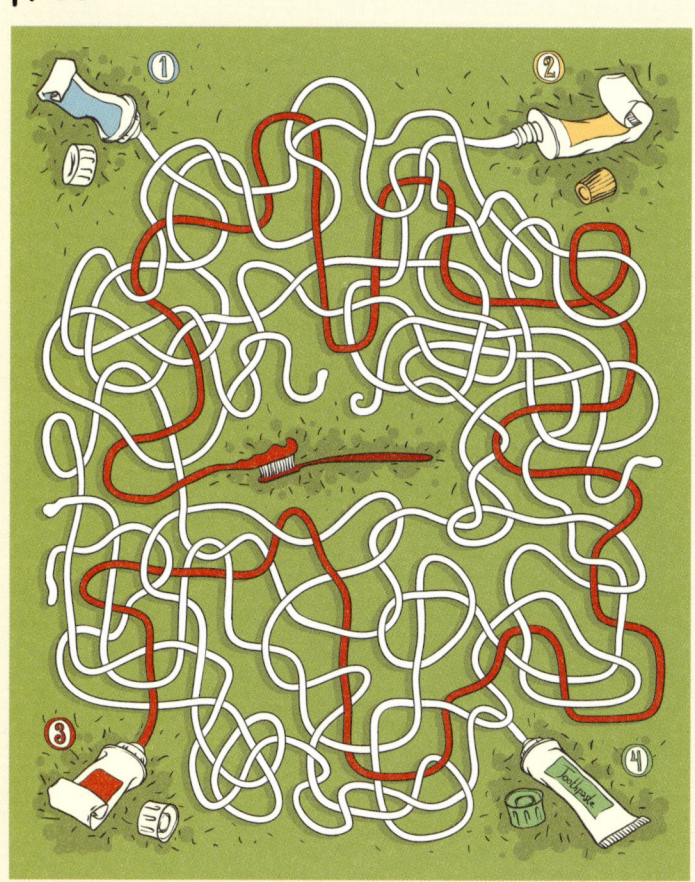

p. 59
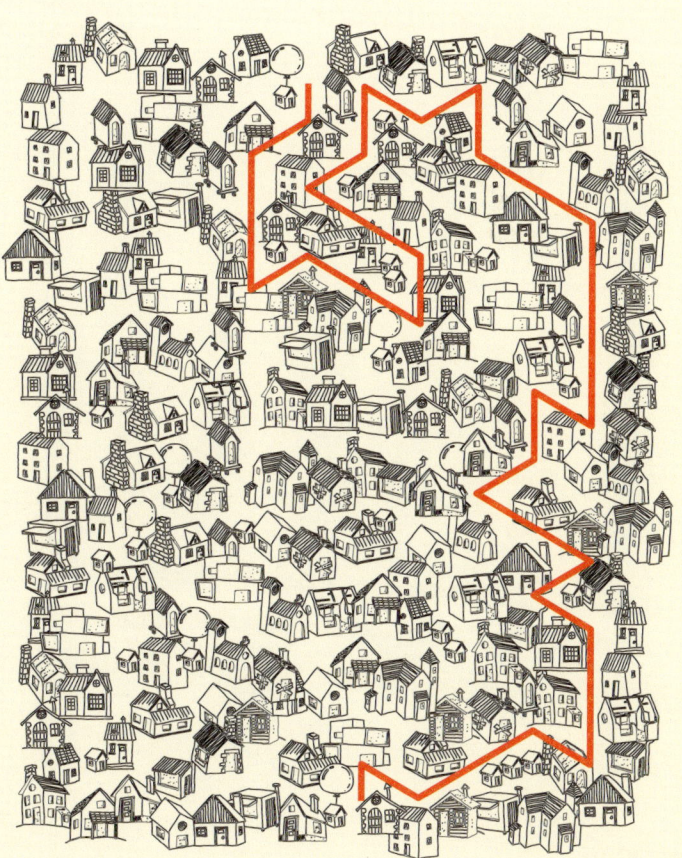

해답

p. 60

p. 61

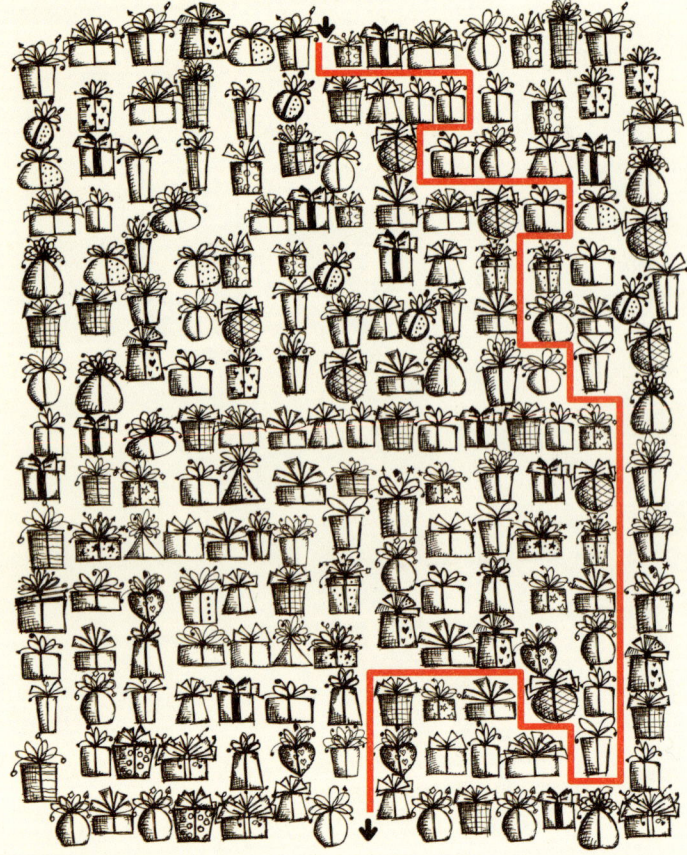

p. 62

p. 63

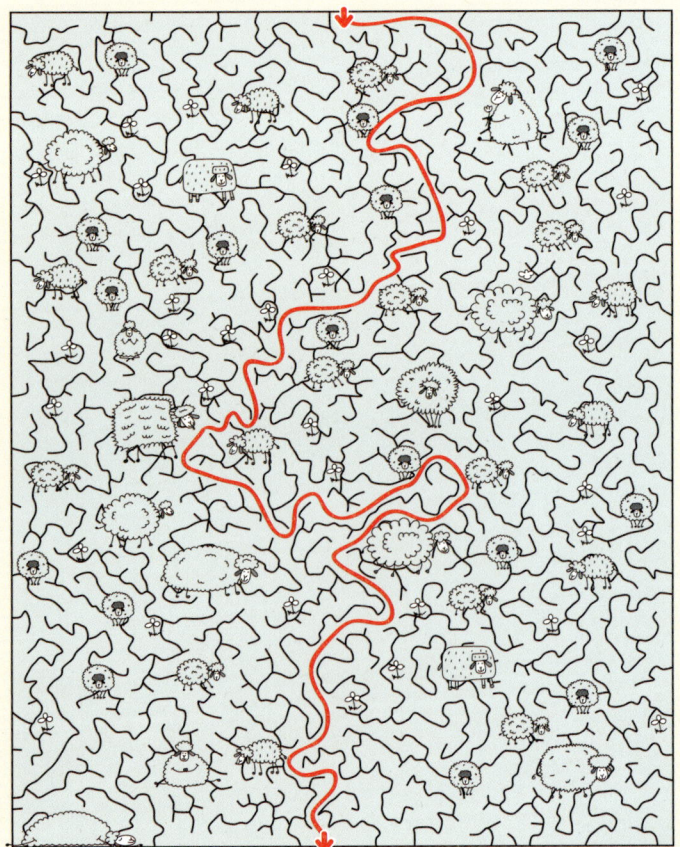

p. 64

p. 65

p. 66

p. 67

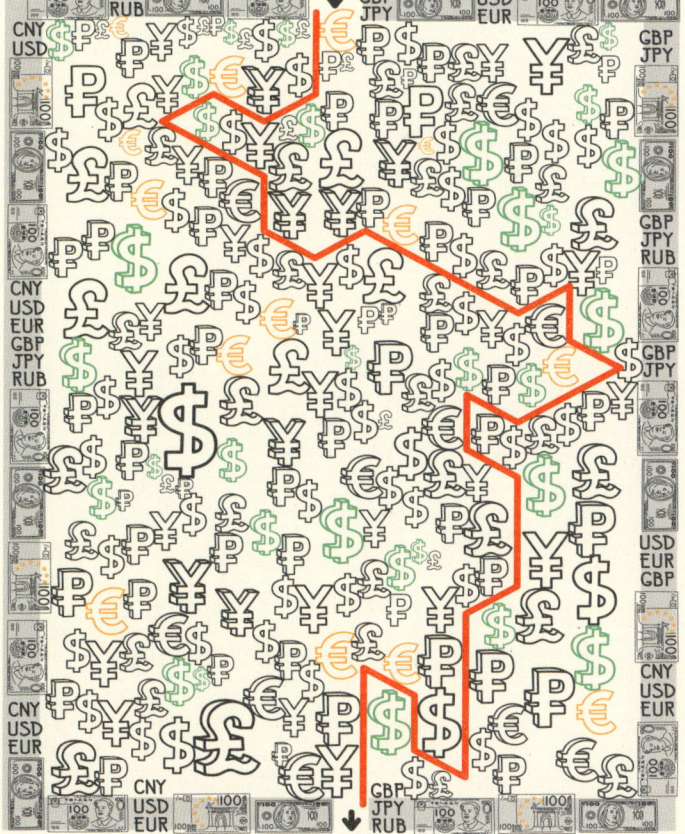

해 답

p. 68

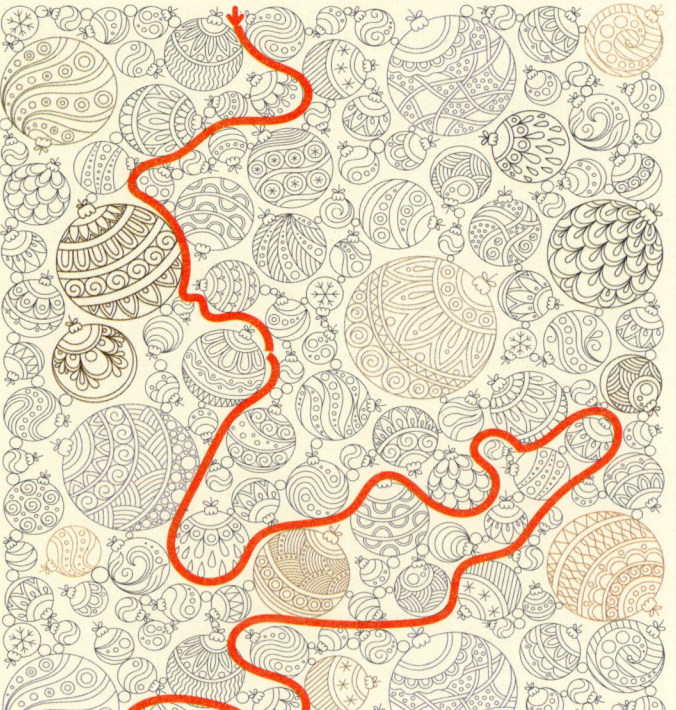

p. 69

p. 70

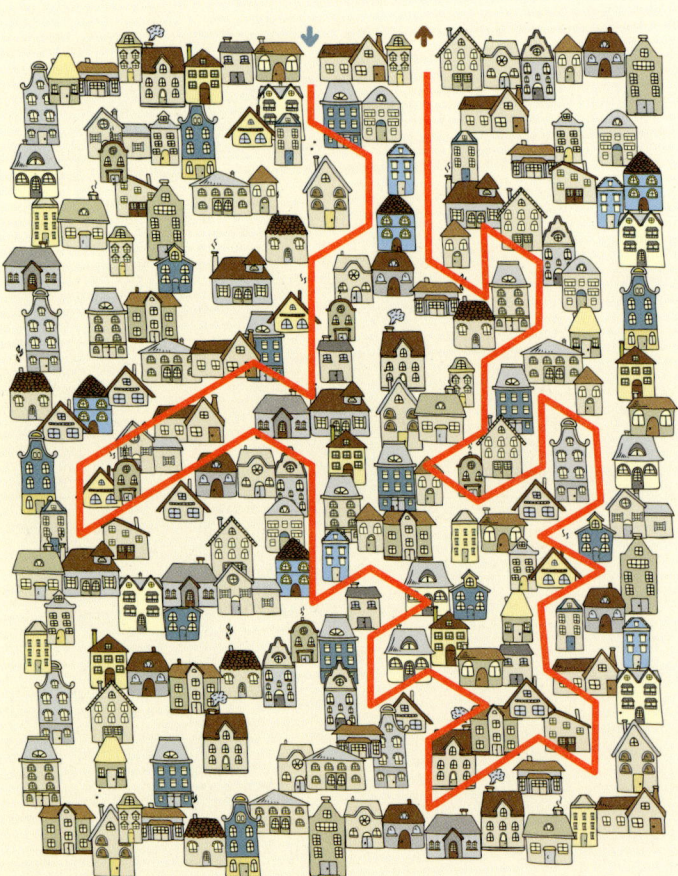

p. 71

120 Find Differences

p. 72

p. 73

p. 74

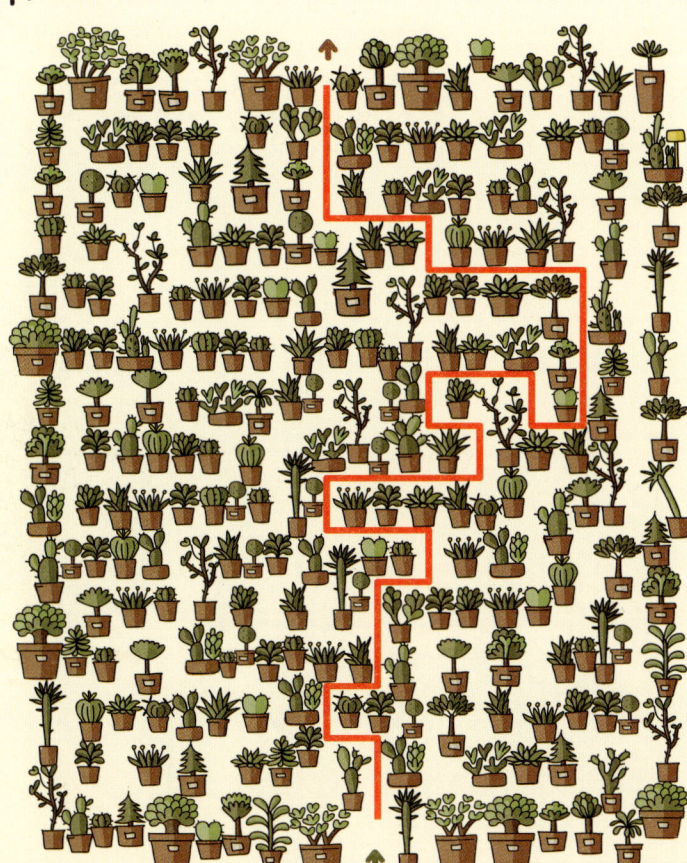

p. 75

해답

p. 76

p. 77

p. 78

p. 79

p. 80

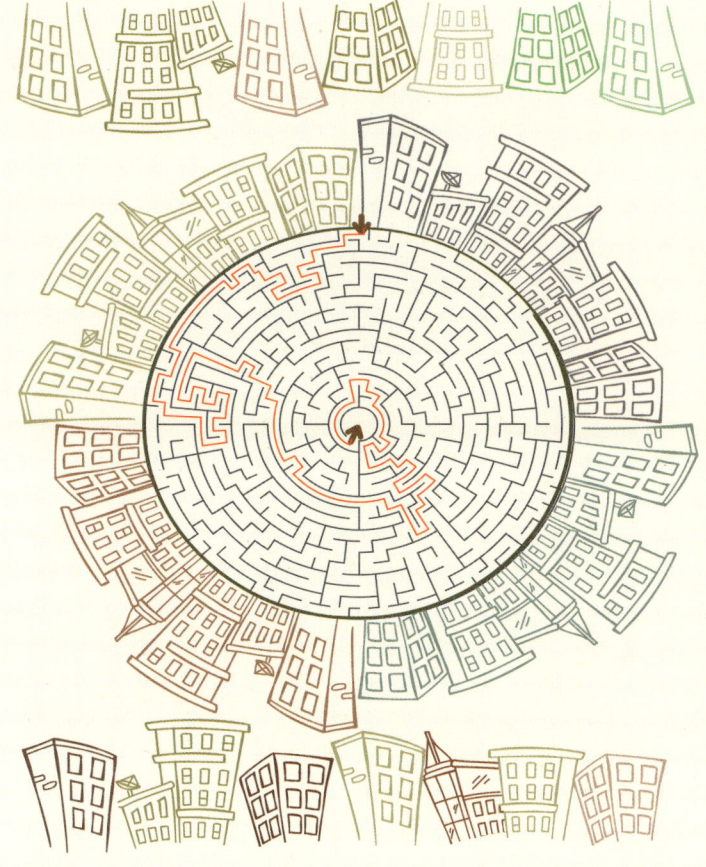

p. 81

p. 82

p. 83

p. 84

p. 85

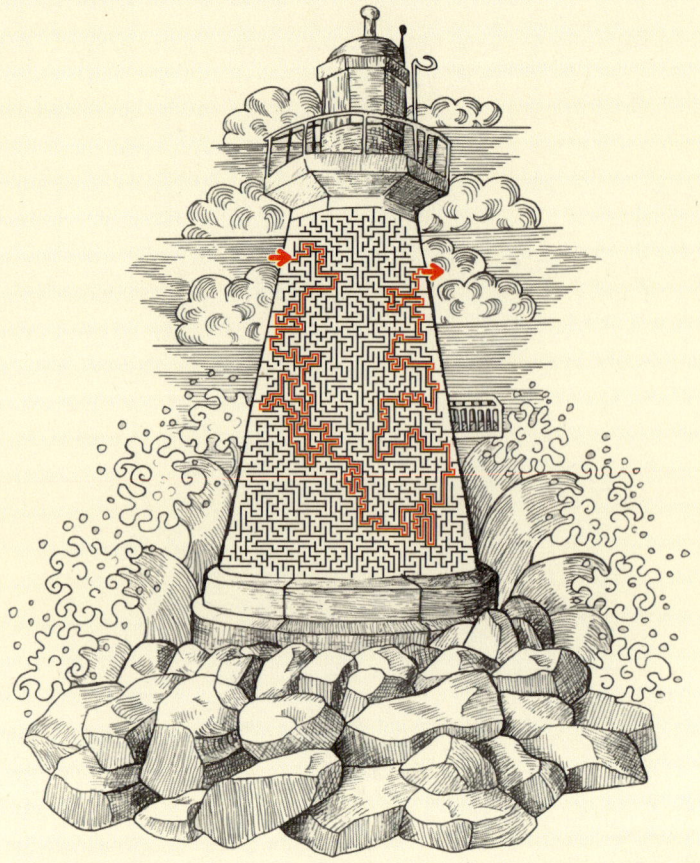

p. 86

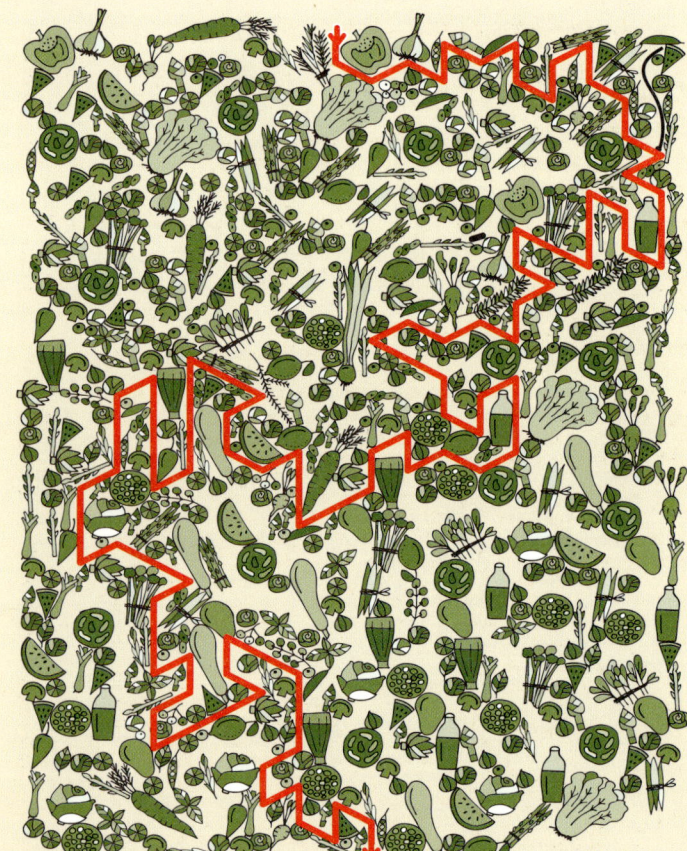

p. 87

p. 88

p. 89

p. 90

p. 91

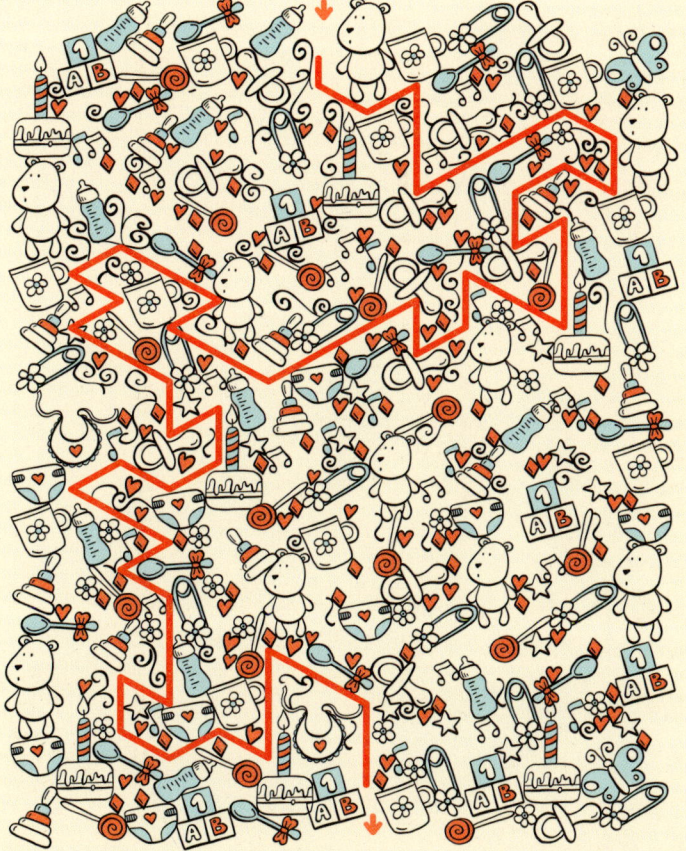

해답 125

p. 92

p. 93

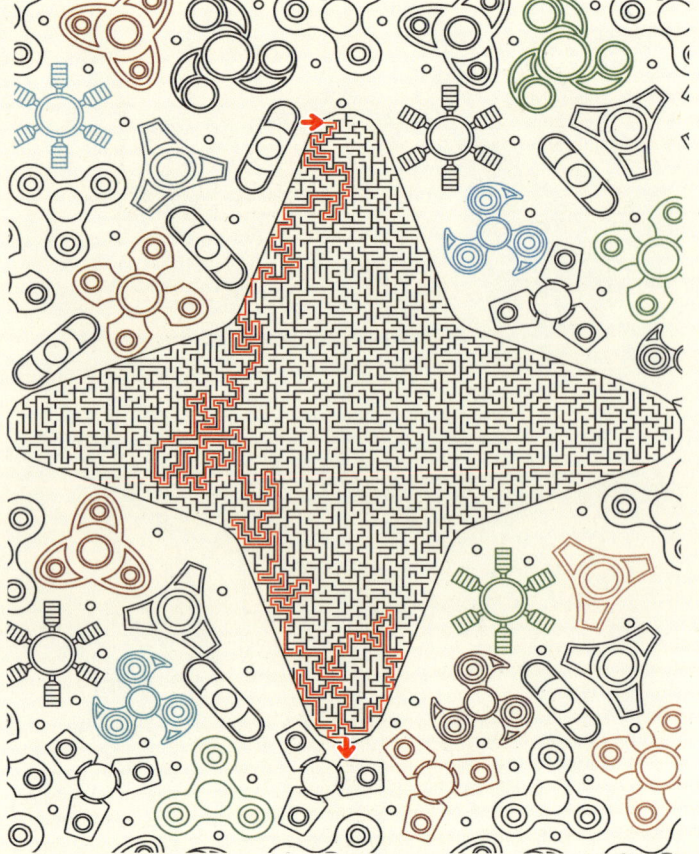

p. 94

p. 95

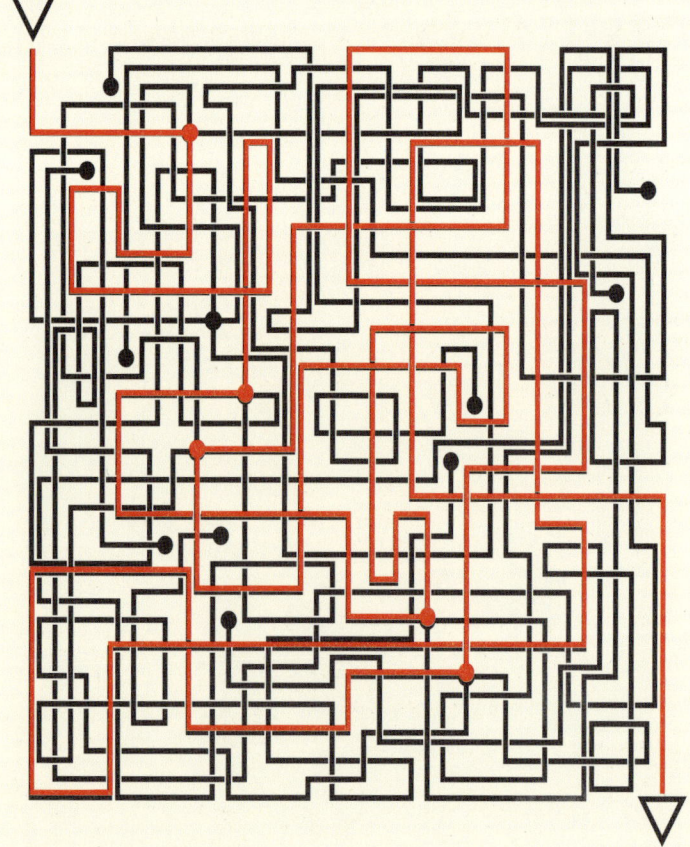

126 Find Differences

p. 96

p. 97

p. 98

p. 99

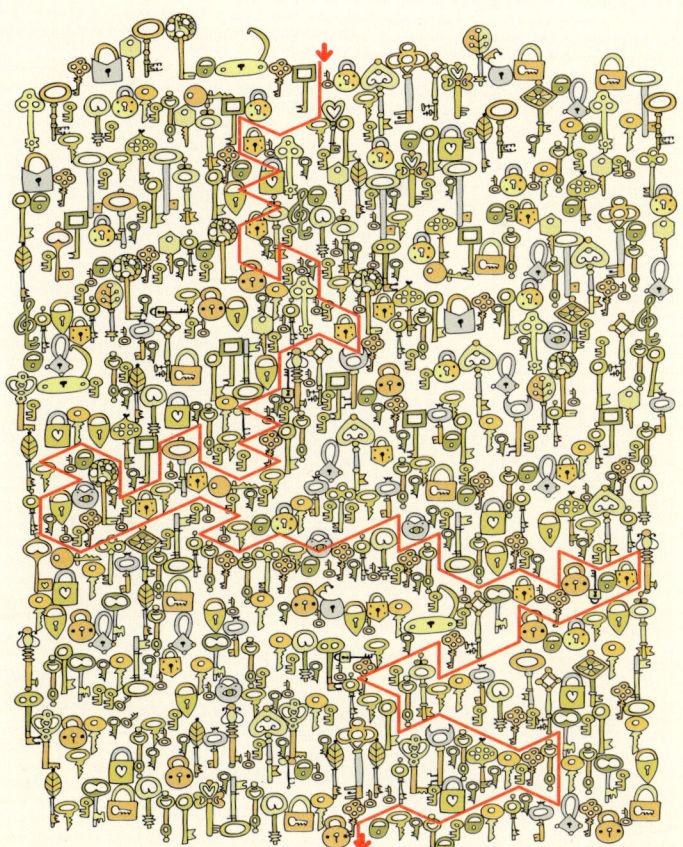

해답

p. 100

p. 101

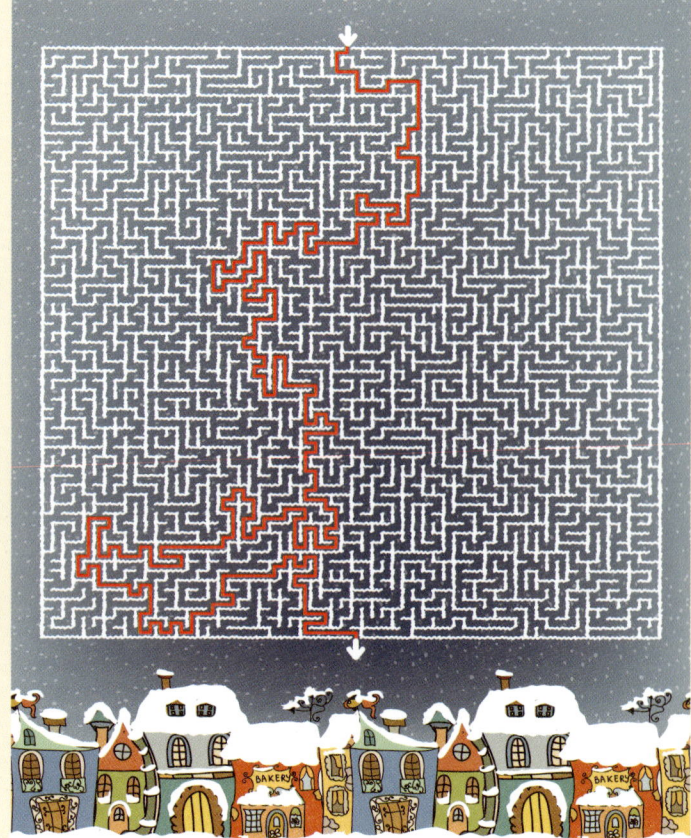

p. 102

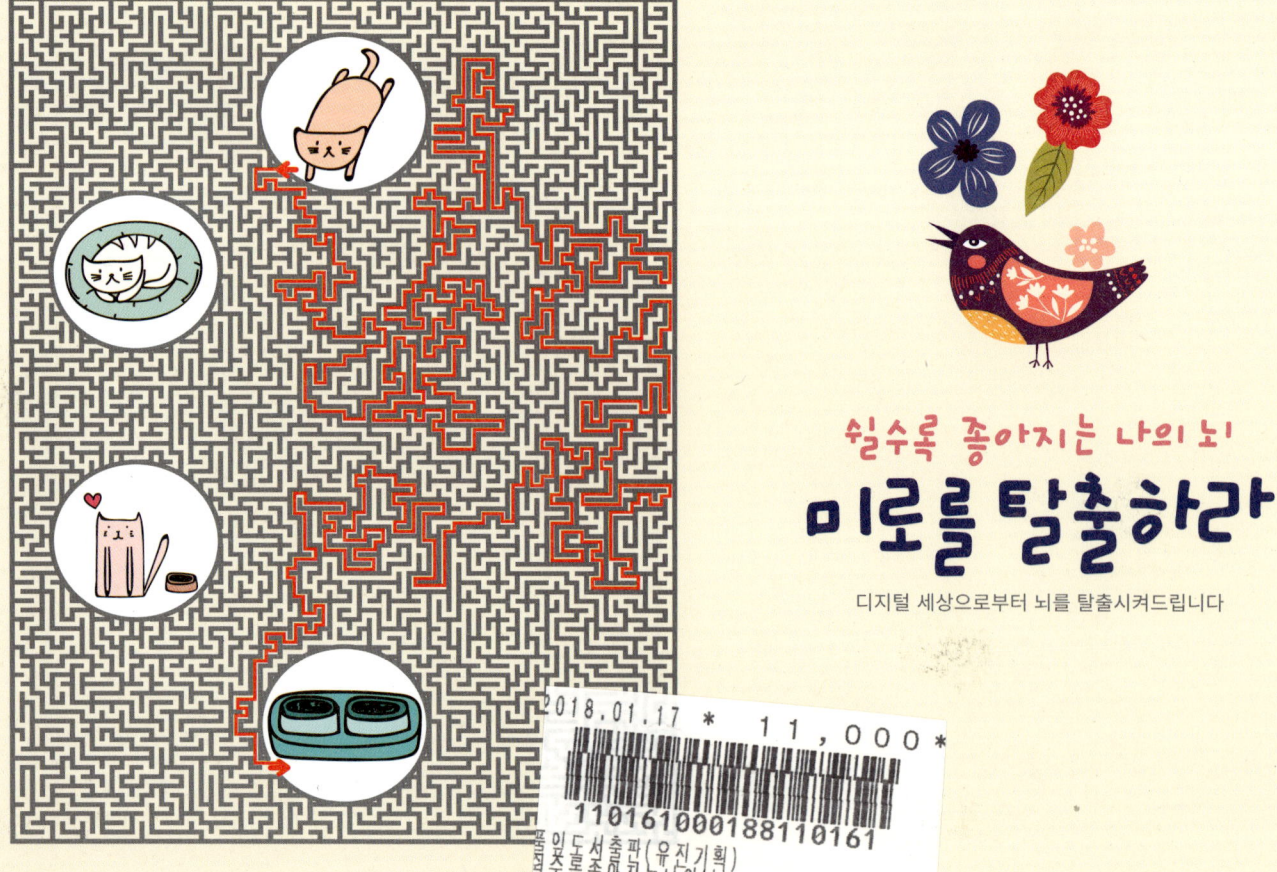

쉬수록 좋아지는 나의 뇌
## 미로를 탈출하라
디지털 세상으로부터 뇌를 탈출시켜드립니다